汉语水平考试 HSK（四级）
应试技巧与训练

◎主　编　唐燕飞

◎副主编　殷语泽　李燕凌　莫梦舒　寇美睿

◎参　编　欧俏俏　鄢　菊　韦霖裕　王小群
　　　　　李　锐　罗燕金　戴　岱　卢俏伶
　　　　　黄慧玲　张　敏

电子工业出版社·

Publishing House of Electronics Industry

北京·BEIJING

内 容 简 介

为帮助考生把握答题技巧，快速提升 HSK（四级）应试水平，编者在多年 HSK 教学经验及研究考试真题和考试大纲的基础上，总结了各部分相应的答题技巧，编写了本书。

本书内容包含 HSK（四级）考试介绍、各部分的应试技巧，应试技巧中包含技巧解析、趁热打铁及专项训练等内容。其中，应试技巧是本书的重点和亮点，旨在指导考生掌握一定的应试技巧，跨越答题障碍，做出正确的选择，快速提高考分。趁热打铁和专项训练设置在技巧解析之后，目的是精讲多练，举一反三。

本书既适用于教师 HSK 课堂辅导教学，又适用于考生自学备考，尤其适用于考前冲刺。

图书在版编目（CIP）数据

汉语水平考试 HSK（四级）应试技巧与训练 / 唐燕飞主编 . —北京：电子工业出版社，2023.5

ISBN 978-7-121-44913-0

I. ①汉 … II. ①唐 … III. ①汉语—对外汉语教学—水平考试—自学参考资料 IV. ①H195.4

中国国家版本馆 CIP 数据核字（2023）第 015374 号

责任编辑：张　凌
印　　刷：北京七彩京通数码快印有限公司
装　　订：北京七彩京通数码快印有限公司
出版发行：电子工业出版社
　　　　　北京市海淀区万寿路 173 信箱　邮编 100036
开　　本：880×1 230　1/16　印张：6.75　字数：155.52 千字
版　　次：2023 年 5 月第 1 版
印　　次：2023 年 5 月第 1 次印刷
定　　价：32.00 元

前　言

　　为帮助考生熟悉 HSK（四级）考试，了解考试内容，明确考试重点，把握答题技巧，快速提升 HSK（四级）应试水平，并真正提高汉语能力，编者在多年的 HSK 教学经验的基础上，认真研究了新汉语水平考试真题和考试大纲，总结了各个部分相应的答题技巧，编写了《汉语水平考试 HSK（四级）应试技巧与训练》。

　　本书内容包含 HSK（四级）考试介绍，各部分的应试技巧及参考答案。应试技巧中包含技巧解析、趁热打铁、专项训练等。其中，应试技巧是本书的重点和亮点。考生们在答题的过程中难免会遇到一些生词或难的句子，这些陌生的词句可能会成为考生在答题过程中的"拦路虎"，如果考生能掌握一定的应试技巧，将会帮助考生跨越答题障碍，做出正确的选择。因此，本书重点是为考生提供一些这样的应试技巧，帮助考生快速提高考分。趁热打铁和专项训练也是本书的一大特色，设置在应试技巧解析模块后，目的是精讲多练，举一反三，帮助考生在短时间内全面提高应试能力，顺利通过考试。

　　HSK 真题无论是在选材上还是在命题思路上都具有极高的权威性，对考生备考具有特殊的指导意义。因此为了帮助汉语学习者和 HSK 考生更高效地学习、备考，本书主要针对孔子学院总部/国家汉办编制的《汉语水平考试真题集 HSK（四级）》（2018 版）和《HSK 真题集（四级）》（2014 版）的题目进行了详细地解析和归纳，便于考生在理解和掌握应试技巧的基础上，能立即使用正确的应试技巧进行答题。

　　本书既适用于课堂教学，又适用于自学备考，尤其适用于考前冲刺。经过编写团队五次的编写和修改后，本书在我校一个汉语零起点班第二个学期开设的 HSK（四级）辅导课中进行了试用。参加辅导的留学生普通反映书中的应试技巧通俗易懂，非常实用。本书也达到了良好的辅导效果，参加 HSK（四级）辅导班的两名同学于 2021 年 6 月参加了 HSK（四级）考试，分别考取了 294 分和 287 分的高分。他们表示能获得优异成绩，除了得益于各位任课老师为他们打下的良好基础，书中的应试技巧也做出了很大的贡献。

本书是由广西华侨学校华文教育教师团队合力编写的 HSK（四级）辅导用书。具体编写分工如下：唐燕飞负责全书的组织编写、审核定稿工作。听力第一部分由殷语泽、寇美睿编写，第二、三部分由李燕凌、鄢菊编写；阅读第一部分由唐燕飞、王小群编写，第二部分由韦霖裕、李锐编写，第三部分由唐燕飞、罗燕金编写；书写第一部分由莫梦舒、黄慧玲编写，第二部分由欧俏俏、卢俏伶编写；戴岱和张敏负责校对工作。

我们衷心希望《汉语水平考试 HSK（四级）应试技巧与训练》能为考生们提供最高效、最满意的帮助。

由于时间仓促且编者水平有限，本书难免存在不足之处，敬请专家和读者批评指正。

编　者

目 录

HSK（四级）考试介绍

汉语水平考试（HSK）是一项国际标准化考试，重点考查汉语为非母语的考生在生活、学习和工作中运用汉语进行交际的能力。

HSK（四级）考查考生的汉语应用能力，它对应于《国际汉语能力标准》四级、《欧洲语言共同参考框架（CEF）》B2 级。通过 HSK（四级）的考生可以用汉语就较广泛领域的话题进行谈论，比较流利地与汉语为母语者进行交流。

一、考试对象

HSK（四级）主要面向按每周 2～4 课时进度学习汉语四个学期（两学年），掌握 1200 个常用词语的考生。

二、考试内容

HSK（四级）共 100 题，分听力、阅读、书写三部分。

考 试 内 容	试 题 数 量		参 考 用 时	考 试 时 间
一、听力（45题）	第一部分	10题	根据听力录音时间而定	35分钟（填写答题卡约5分钟）
	第二部分	15题		
	第三部分	20题		
二、阅读（40题）	第一部分	10题	5分钟	40分钟
	第二部分	10题	10分钟	
	第三部分	20题	25分钟	
三、书写（15题）	第一部分	10题	15分钟	25分钟
	第二部分	5题	10分钟	
填写个人信息时间				5分钟
全部考试时间				105分钟

（一）听力

考 试 内 容	试 题 数 量	考 试 要 求
第一部分	10 题	每题听一遍。每题都是由一个人先说一小段话，另一个人根据这段话说一个句子，试卷上提供这个句子，要求考生判断对错
第二部分	15 题	每题听一遍。每题都是由两个人进行两句对话，第三个人根据对话问一个问题，试卷上提供 4 个选项，考生根据听到的内容选出正确答案
第三部分	20 题	每题听一遍。每题有 4～5 句对话或一小段话，根据对话或这一小段话问 1～2 个问题，试卷上提供 4 个选项，考生根据听到的内容选出正确答案

（二）阅读

考 试 内 容	试 题 数 量	考 试 要 求
第一部分	10 题	每题提供 1～2 个句子，句子中有一个空格，考生要从提供的选项中选词填空
第二部分	10 题	每题提供 3 个句子，考生要把这 3 个句子按顺序排列起来
第三部分	20 题	这部分试题都是一小段文字，每段文字带 1～2 个问题，考生要从 4 个选项中选出正确答案

（三）书写

考 试 内 容	试 题 数 量	考 试 要 求
第一部分	10 题	每题提供几个词语，要求考生将这几个词语整理成一个句子
第二部分	5 题	每题提供一张图片和一个词语，要求考生结合图片用这个词语写一个句子

三、考试成绩

（一）成绩查询

网络考试结束后两周，笔试结束后一个月考生可以登录汉语考试服务网，输入准考证号和姓名查询成绩。

（二）成绩报告

HSK（四级）成绩报告提供听力、阅读、书写和总分四个分数。总分满分 300 分，得分 180 分为合格。

考 试 内 容	满 分	你 的 分 数
听力	100	
阅读	100	
书写	100	
总分	300	

作为外国留学生进入中国院校学习的汉语能力证明，HSK 成绩有效期为两年（从考试当日算起）。

听力部分 应试技巧

HSK（四级）听力第一部分应试技巧

　　HSK（四级）听力第一部分的题型是判断对错，共10题，每题只听一遍，这部分试题是根据录音中的一小段话判断所给句子的对错。一般来说，试卷上需要判断的句子比较短和容易，而听力材料中的句子比较长，每题的朗读时间是10~18秒左右，题与题之间大概有10秒的答题时间。由于听力考试时间短，这要求考生做题时需要集中注意力，同时掌握一定的听力技巧，以提高判断的准确率。

　　做第一部分判断对错题，主要的方法是"阅读题目＋听力内容预测"，在此方法基础上我们总结出6种答题技巧。

技巧一： 题目中动词的前面有否定副词，如"没有""没""不"等，要注意。

　　如果题目中动词的前面有否定副词，如"没有""没""不"等，就要注意听力材料中的意思是肯定还是否定，然后做出判断。

不好意思，房间有点儿乱。我昨天刚搬过来，还没来得及收拾。

★房间还没有整理。　　　　　　　　　　　　　　　　　　　　　　　（　　）

（孔子学院总部/国家汉办《汉语水平考试真题集 HSK（四级）》（2018版）试卷一第1题）

　　【技巧解析】 阅读题目后，可以知道这段听力材料主要说的是整理房间，重点是其中的否定词"还没有"。在听力材料的最后，我们听到"还没来得及收拾"，所以可以知道房间还没有整理，答案是对。

例 2

小西从小在国外长大，十八岁才跟着父母回到中国，所以她的外语和中文都非常流利，你可以找她帮忙翻译。

★小西不会说汉语。 （　　）

（孔子学院总部/国家汉办《汉语水平考试真题集 HSK（四级）》（2018 版）试卷二第 3 题）

【技巧解析】阅读题目后，可以知道这段听力材料主要讲小西说汉语，重点是"会不会"说。在听力材料中，我们听到"所以她的外语和中文都非常流利"，可以知道小西会说汉语，答案是错。

 趁热打铁

1．★年轻人不喜欢住在郊区。 （　　）
2．★他没买到车票。 （　　）
3．★小李不清楚活动安排。 （　　）
4．★别把工作烦恼带回家。 （　　）
5．★他现在仍然不习惯吃上海菜。 （　　）
6．★使用时不会出现任何问题。 （　　）
7．★万大夫没空儿给姐姐看病。 （　　）

技巧二：　题目中动词后或句尾有"了"，注意听力材料中有没有"了"。

如果题目中动词后或句尾有"了"，就要注意听力材料中的动词及动词后面或者句尾有没有"了"，也就是说动作是否发生或者事情是否完成。

例 1

路上堵车特别严重，我们提前三个小时就出发了，可即使这样最后还是没赶上飞机。

★他们最后顺利登机了。 （　　）

（孔子学院总部/国家汉办《汉语水平考试真题集 HSK（四级）》（2018 版）试卷一第 2 题）

【技巧解析】阅读题目后，可以知道这段听力材料主要说登机，重点是他们是否"登机

了"。在听力材料的最后一句,我们听到"最后还是没赶上飞机",可以知道他们最后没有登机,而不是"登机了",答案是错。

例2

王小姐,今天的事情完全是个误会,我希望您能听我解释一下。
★王小姐原谅他了。   (   )
(孔子学院总部/国家汉办《汉语水平考试真题集 HSK(四级)》(2018版)试卷三第1题)

【技巧解析】阅读题目后,可以知道这段听力材料的重点是王小姐是否"原谅他了"。在听力材料的最后一句,我们听到"我希望您能听我解释一下",可以知道王小姐还没有原谅他,答案是错。

 趁热打铁

1. ★航班已经起飞了。   (   )
2. ★弟弟考上了大学。   (   )
3. ★互联网为人们购物提供了更多选择。   (   )
4. ★演出已经结束了。   (   )
5. ★他现在适应北方的气候了。   (   )
6. ★小马和小张赢了。   (   )
7. ★他已经通过了考试。   (   )

技巧三: 题目中的谓语不是动词而是形容词,那么形容词是关键词。

如果题目中的谓语不是动词而是形容词,那么形容词是关键词,主要看听力材料中的意思跟形容词是否一样或差不多。

例1

王教授是著名的儿童教育家,这本书是他根据多年的教育经验写的,内容丰富有趣,受到了家长们的普遍欢迎。
★家长们对那本书的印象很好。   (   )
(孔子学院总部/国家汉办《汉语水平考试真题集 HSK(四级)》(2018版)试卷一第4题)

【技巧解析】阅读题目后发现谓语不是动词而是形容词,所以"很好"是关键词,要注

意听是不是"很好"。在听力材料中，我们听到"受到了家长们的普遍欢迎"，和"很好"的意思一样，答案是对。

例 2

这个菜太辣了，我实在吃不下去了。早知道这么辣，我肯定不会点的。

★那个菜非常酸。　　　　　　　　　　　　　　　　　　　　　　　（　　）

（孔子学院总部/国家汉办《汉语水平考试真题集 HSK（四级）》（2018 版）试卷一第 5 题）

【技巧解析】阅读题目后发现谓语不是动词而是形容词，所以"非常酸"是关键词，要注意听是不是"非常酸"。在听力材料中，我们听到"这么辣"，和"非常酸"的意思不一样，答案是错。

趁热打铁

1．★说话人之前很马虎。　　　　　　　　　　　　　　　　　　　（　　）
2．★用筷子敲碗没有礼貌。　　　　　　　　　　　　　　　　　　（　　）
3．★去长白山看雪景的人很多。　　　　　　　　　　　　　　　　（　　）
4．★他的收入很高。　　　　　　　　　　　　　　　　　　　　　（　　）
5．★那两个词的用法完全相同。　　　　　　　　　　　　　　　　（　　）
6．★说话人对计划书不太满意。　　　　　　　　　　　　　　　　（　　）
7．★小雨的中文越来越好了。　　　　　　　　　　　　　　　　　（　　）

技巧四： 注意题目中的主语或宾语是否与听力材料中的一致。

有的题目中的主语或宾语与听力材料中提到的不一样，这需要我们听录音时注意题目中的主语或宾语是否与听力材料中的一致。题目中的主语或宾语有一个，但是听力材料中常常会提到两个或多个主语或宾语，而题目只是其中的一个，你需要判断是否一致。

例 1

现在正是换季的时候，不少衣服都在打折。下班后咱们去逛逛吧，我想买条夏天穿的短裤。

★他想买个帽子。　　　　　　　　　　　　　　　　　　　　　　（　　）

（孔子学院总部/国家汉办《汉语水平考试真题集 HSK（四级）》（2018 版）试卷一第 3 题）

【技巧解析】阅读题目后，应该把重点放在"他"和"帽子"上，在听力材料的最后，我们听到"我想买条夏天穿的短裤"，可以知道"他想买条短裤"而不是"他想买个帽子"，两个宾语不一样，答案是错。

例2

这几天太热了，快把葡萄洗洗吃了吧，否则很快就会坏掉。

★香蕉不能吃了。   （   ）

（孔子学院总部/国家汉办《汉语水平考试真题集HSK（四级）》（2018版）试卷二第1题）

【技巧解析】阅读题目后，应该把重点放在"香蕉"上。在听力材料中，我们听到"快把葡萄洗洗吃了吧"，可以知道是"葡萄"不是"香蕉"，答案是错。

 **趁热打铁**

1. ★他们一会儿要吃包子。   （   ）
2. ★女儿想去看长江。   （   ）
3. ★售货员找到了一个袋子。   （   ）
4. ★晚上不要喝茶。   （   ）
5. ★流行才是最重要的。   （   ）
6. ★女儿要过生日了。   （   ）
7. ★朋友在海边长大。   （   ）

技巧五： 有的题目是在描述或讨论或总结一件事，先看句子的意思是否合理，再找出关键词并记住题目信息，最后通过听力内容判断。

有的题目是在描述或讨论或总结一件事，用"读题目＋预测"的方法，先根据已知的经验来看句子的意思是否合理，再找出句中的关键词并记住题目信息，最后通过听力内容来进行判断。

例1

现在很多国家的签证都可以通过互联网来办，而不用去大使馆。你只需要把准备好的申请材料提交到办签证的网站，然后等通知就可以了。

★网上能办签证。   （   ）

（孔子学院总部/国家汉办《汉语水平考试真题集 HSK（四级）》（2018 版）试卷一第 8 题）

【技巧解析】阅读题目后，知道在说网上办签证的事。根据经验，现在是互联网时代，很多业务都可以通过互联网完成，我们会觉得句子的意思可能合理。接着找出关键词"能办"，然后去听，听力材料中的第一句话说"现在很多国家的签证都可以通过互联网来办"，所以题目中句子的意思符合听力内容，答案是对。

例 2

研究发现，一件事情只要坚持做二十一天以上就会变成习惯。因此任何事情，比如运动，虽然开始比较困难，但只要坚持下去，它就会变成你的习惯。

★习惯的养成需要一段时间。 （   ）

（孔子学院总部/国家汉办《汉语水平考试真题集 HSK（四级）》（2018 版）试卷一第 10 题）

【技巧解析】阅读题目后，知道在总结习惯的养成，根据经验，习惯的养成需要时间，我们会发现句子的意思是合理的。接着找出关键词"需要一段时间"，然后去听，发现听力材料中说"一件事情只要坚持做二十一天以上就会变成习惯"，所以题目中句子的意思符合听力内容，答案是对。

趁热打铁

1．★女朋友也许会迟到。 （   ）
2．★他想住在学校附近。 （   ）
3．★没人乱扔垃圾。 （   ）
4．★问题不同解决方法也不同。 （   ）
5．★他想当一名医生。 （   ）
6．★他要参加学校运动会。 （   ）
7．★他十分喜欢那座城市。 （   ）

技巧六： 注意题目中的时间是否和听力材料中的一样。

有的题目中的句子里常常有表示时间的词语，那么我们就要注意这个时间是不是和听力材料中提到的时间一样。

例1

你再仔细阅读一下通知，上面写着交表格的时间呢。你快点儿填吧，否则就来不及了。

★要及时交表格。 （　　）

（孔子学院总部/国家汉办《汉语水平考试真题集HSK（四级）》（2018版）试卷一第6题）

【技巧解析】阅读题目后，应该把重点放在"及时"上，看看这个时间词语是否和听力材料中的一样。听力材料中说"你快点儿填吧，否则就来不及了"，所以可以知道题目中的时间和听力材料中的一样，答案是对。

例2

王老师去南京出差了，大约周三回，等他一回来，我就通知您过来。

★王老师礼拜天回来。 （　　）

（孔子学院总部/国家汉办《汉语水平考试真题集HSK（四级）》（2018版）试卷四第1题）

【技巧解析】阅读题目后，应该把重点放在"礼拜天"上，看看这个时间是否和听力材料中的一样。听力材料中说"大约周三回"，所以可以知道题目中的时间和听力材料中的不一样，答案是错。

🪔 趁热打铁

1. ★他做事比过去仔细了。 （　　）
2. ★他今天七点就起床了。 （　　）
3. ★这是他第二次爬长城。 （　　）
4. ★现在是十点一刻。 （　　）
5. ★他大学刚刚毕业。 （　　）
6. ★小云中午请客。 （　　）
7. ★他去年刚结婚。 （　　）

听力第一部分专项训练

1. ★他认为写信很麻烦。 （　　）
2. ★说话人周末想去照相。 （　　）
3. ★听中文广播好处多。 （　　）

4. ★年龄大的人很少后悔。　　　　　　　　　　　　　　　（　　）

5. ★那位小姐想买沙发。　　　　　　　　　　　　　　　　（　　）

6. ★小林会跳民族舞。　　　　　　　　　　　　　　　　　（　　）

7. ★要修高速公路了。　　　　　　　　　　　　　　　　　（　　）

HSK（四级）听力第二、三部分应试技巧

　　听力第二、三部分的试题为对话或一小段话，根据对话或这一小段话问1～2个问题，试卷上每题提供四个选项，考生根据听到的内容选出答案。这部分试题综合性较强，它要求考生在掌握大量词汇的同时，根据上下文判断说话人的意思，排除干扰项，再集中精力听相关句子，进行快速判断，同时需要考生掌握一些听力方法和答题技巧。

 **技巧一：** 用听录音前的时间先看答案中的四个选项，根据选项内容进行听前预测。

　　这种技巧主要是在听录音前运用，考查考生对话题种类相关词语的熟悉程度。常见的话题种类有七种：时间、地点（场所）、职业（身份）、数字、语气（心情、态度或性格）、活动、关系。在完成这样的试题时，考生先在听录音前快速浏览选项内容，较快地预测问题与哪个方面有关联，在听录音时集中精力听相关的句子，进行准确判断。

例1

女：你好，我在这里买家具，你们负责送吗？

男：当然，我们免费在二十四小时内送到您要求的地方。

★问：男的是做什么的？　　　　　　　　　　　　　　　（　　）

A．医生　　　　　B．导游　　　　　C．卖家具的　　　D．开出租车的

（孔子学院总部/国家汉办《新汉语水平考试 HSK（四级）样卷》第24题）

　　【技巧解析】 根据题目中所给的四个选项，预测本题要求回答的是关于职业的问题。在听力材料中听到女的问"我在这里买家具，你们负责送吗？"男的回答"当然，我们免费二十四小时内送到您要求的地方。"，可以判断出他们在说买家具是否送到家里的问题。对话句子中的关键词是"家具"，可以选出正确答案是C。

例2

女：我希望我的男朋友又高又帅，还要非常幽默。

男：你说的是我吗？

★问：根据对话，可以知道男的怎么样？　　　　　　　　　　　　（　　）

A．幽默　　　　　B．很难过　　　　C．很粗心　　　　D．没有耐心

（孔子学院总部/国家汉办《新汉语水平考试 HSK（四级）样卷》第18题）

【技巧解析】根据题目中所给的四个选项，预测本题要求回答的是关于性格、心情或态度的问题。在听力材料中听到女的说"我希望我的男朋友又高又帅，还要非常幽默。"男的回答"你说的是我吗？"男的意思是他本人又高又帅，还很幽默。对话句子中的关键词是"高、帅、幽默"，可以选出正确答案是A。

例3

你将听到下面一段对话。

男：把这个材料复印五份，一会儿拿到会议室发给大家。

女：好的。会议是下午三点吗？

男：改了，三点半，推迟了半个小时。

女：好，602会议室没变吧？

男：对，没变。

★问：会议几点开始？　　　　　　　　　　　　　　　　　　　（　　）

A．14:00　　　　B．15:00　　　　C．15:30　　　　D．18:00

（孔子学院总部/国家汉办《汉语水平考试 HSK（四级）》试卷样题）

【技巧解析】根据题目中所给的四个选项，先预测本题要求回答的是关于时间的问题。在听力材料中听到女的问"会议是下午三点吗？"，男的回答"改了，三点半，推迟了半个小时。"，可以判断出他们在说会议开始的时间已改在三点半，而"推迟了半个小时"是在进一步说明比原来计划的时间晚半个小时的意思。后面的对话虽然与会议有关，但说的是会议的地点，与时间无关，所以考生无需对最后一句话多加考虑。本题的正确答案是C。

例4

你将听到下面一段对话。

男：小姐，这个蓝色的行李箱是您的？

女：对，有什么问题吗？

男：麻烦您打开，我们要检查一下。另外，请给我看一下您的护照和登机牌。

女：好的。

★问：他们最可能在哪儿？　　　　　　　　　　　　　　　　（　　）

A. 机场　　　　　B. 游泳馆　　　　C. 商店入口　　　D. 公共汽车上

（孔子学院总部/国家汉办《汉语水平考试真题集 HSK（四级）》（2018 版）试卷一第 27 题）

【技巧解析】根据题目中所给的四个选项，可以预测出问的是关于地点的问题。在听力材料中听到"检查行李箱，看护照和登机牌"就可以判断出他们说话的地点在机场，而其余的地点"游泳馆、商店入口、公共汽车上"则很少与之有关，因此本题的正确答案是 A。

趁热打铁

（　　）1. A. 厕所　　　　　B. 教室　　　　　C. 图书馆　　　　D. 小吃店

（　　）2. A. 很感动　　　B. 很突然　　　C. 很后悔　　　D. 很失望

（　　）3. A. 20 元　　　　B. 30 元　　　　C. 40 元　　　　D. 60 元

（　　）4. A. 很穷　　　　B. 很粗心　　　C. 不专业　　　D. 不友好

（　　）5. A. 夫妻　　　　B. 母子　　　　C. 父女　　　　D. 姐弟

（　　）6. A. 今天上午　　B. 明天下午　　C. 明天晚上　　D. 后天上午

（　　）7. A. 一刻钟　　　B. 20 分钟　　　C. 40 分钟　　　D. 一个小时

（　　）8. A. 教师　　　　B. 大夫　　　　C. 律师　　　　D. 售货员

（　　）9. A. 兴奋　　　　B. 吃惊　　　　C. 轻松　　　　D. 着急

（　　）10. A. 5 月　　　　B. 6 月　　　　C. 11 月　　　　D. 12 月

（　　）11. A. 小吃街　　　B. 警察局　　　C. 世界公园　　　D. 首都饭店

（　　）12. A. 保护环境　　B. 少喝啤酒　　C. 禁止用火　　　D. 关爱动植物

（　　）13. A. 在减肥　　　B. 吃饱了　　　C. 太咸了　　　D. 味道不好

（　　）14. A. 留学　　　　B. 开会　　　　C. 举办音乐会　　D. 研究外国文化

（　　）15. A. 洗澡　　　　B. 购物　　　　C. 扔垃圾　　　　D. 整理行李

（　　）16. A. 飞机上　　　B. 火车上　　　C. 街道上　　　　D. 高速公路上

（　　）17. A. 超市　　　　B. 餐厅　　　　C. 卫生间　　　　D. 水果店

（　　）18. A. 小吃街　　　B. 大使馆　　　C. 停车场　　　　D. 修车的地方

（　　）19. A. 购物　　　　B. 看电影　　　C. 看比赛　　　　D. 去海洋馆

（　　）20. A. 有家具　　　B. 楼层低　　　C. 周围安静　　　D. 在公司附近

 技巧二： 找出听力材料中与选项相同、意思相近的词语或句子，排除没有听到的选项。

　　这种技巧主要是考查考生对选项内容的快速记忆能力。在完成这样的试题时，考生在听录音前快速记住四个选项的内容，在听录音时找出与选项中相同、意思相近的词语或句子，排除没有听到的选项，最后推测出答案。

例1

女：你有信心赢得这场比赛吗？
男：能赢最好。当然，要是输了我也会继续努力的。
★问：男的要去做什么？　　　　　　　　　　　　　　　（　　）
A. 散步　　　　　B. 打游戏　　　　C. 参加比赛　　　D. 打乒乓球
（孔子学院总部/国家汉办《汉语水平考试真题集 HSK（四级）》（2018 版）试卷一第 22 题）

【技巧解析】快速记忆四个选项内容。在听力材料中听到女的问"你有信心赢得这场比赛吗？"男的回答"能赢最好。当然，要是输了我也会继续努力的。"从中可以找到"比赛"与选项 C"参加比赛"中都有相同的"比赛"一词，而其他选项的内容在听力材料中都没有提到，因此本题的正确答案是 C。

例2

男：听说这篇新闻的作者是你以前的同学？
女：对，我记得他原来在学校时，就常给一些报纸、杂志写文章。
★问：他们在讨论什么？　　　　　　　　　　　　　　　（　　）
A. 笑话　　　　　B. 考试　　　　C. 一位作者　　　D. 重点词语
（孔子学院总部/国家汉办《汉语水平考试真题集 HSK（四级）》（2018 版）试卷一第 11 题）

【技巧解析】快速记忆四个选项内容。在听力材料中听到男的说"听说这篇新闻的作者是你以前的同学"，女的回答"对，我记得他原来在学校时，就常给一些报纸、杂志写文章"，从中可以找到关键词"作者"与选项 C"一位作者"吻合，而其他选项中的内容在听力材料中都没有提到，所以本题的正确答案是 C。

例3

你将听到下面一段对话。

女：老包，你孙女硕士毕业了吧？

男：是，毕业半年了。

女：她现在做什么工作呢？

男：没找工作。她又考上博士了，还要再读几年。

★问：老包的孙女现在在干什么？ （ ）

A．卖沙发　　　B．读博士　　　C．招聘新人　　　D．做服务员

（孔子学院总部/国家汉办《汉语水平考试真题集 HSK（四级）》（2018 版）试卷一第 28 题）

【技巧解析】快速记忆四个选项内容。在听力材料中听到女的问"她现在做什么工作呢"，男的回答"她又考上博士了，还要再读几年"，从中可以找到"考上博士"与选项 B"读博士"中都有相同的"博士"一词，而其他选项的内容在听力材料中都没有提到，因此判断出老包的孙女现在在读博士。本题的正确答案是 B。

例 4

你将听到下面一段对话。

女：你打算让谁来负责这次的调查任务？

男：我还没想好，你有什么看法？

女：我觉得小马可以，有能力，又有这方面的经验。

男：但是他手上有工作，还挺忙的。有其他合适的人吗？

★问：小马不能负责调查的原因是什么？ （ ）

A．不冷静　　　B．没热情　　　C．不自信　　　D．有其他任务

（孔子学院总部/国家汉办《汉语水平考试真题集 HSK（四级）》（2018 版）试卷一第 34 题）

【技巧解析】快速记忆四个选项内容。听力材料是关于小马的谈话，女的说"小马可以，有能力，又有这方面的经验"，男的回答"但是他手上有工作，还挺忙的"，从中可以找到"手上有工作"与选项 D"有其他任务"意思相近，而其他选项中的内容在听力材料中都没有提到，所以本题的正确答案是 D。

趁热打铁

（　　）1. A．勺子　　　B．信封　　　C．奖金　　　D．零钱

（　　）2. A．手机　　　B．电脑　　　C．照相机　　　D．笔记本

（　　）3. A．还伞　　　B．拿材料　　　C．发传真　　　D．复印表格

（　　）4. A．购物　　　B．见亲戚　　　C．参加面试　　　D．参加聚会

（　　）5. A．做汤　　　B．擦窗户　　　C．整理报纸　　　D．收拾厨房

（　　）6．A．填表　　　　　B．看演出　　　　C．写日记　　　　D．复印材料

（　　）7．A．少吃盐　　　　B．放轻松　　　　C．多吃香蕉　　　D．按时睡觉

（　　）8．A．抽烟　　　　　B．理发　　　　　C．上厕所　　　　D．扔垃圾

（　　）9．A．逛街　　　　　B．散步　　　　　C．看表演　　　　D．租自行车

（　　）10．A．正在做饭　　　B．正在购物　　　C．在擦窗户　　　D．在收拾厨房

（　　）11．A．想吃包子　　　B．没拿零钱　　　C．没力气了　　　D．忘带钥匙了

（　　）12．A．常常咳嗽　　　B．皮肤不好　　　C．正在减肥　　　D．大夫要求的

（　　）13．A．邻居　　　　　B．钱医生　　　　C．送空调的　　　D．小区管理员

（　　）14．A．护士　　　　　B．记者　　　　　C．导游　　　　　D．司机

（　　）15．A．经济原因　　　B．楼层太高　　　C．附近没地铁　　D．要陪女儿留学

（　　）16．A．复习　　　　　B．去郊区　　　　C．翻译书　　　　D．去外省

（　　）17．A．游泳累的　　　B．抬重物了　　　C．昨天打球了　　D．钢琴弹久了

（　　）18．A．开车慢　　　　B．走错路了　　　C．在选礼物　　　D．女儿发烧了

（　　）19．A．没空儿买　　　B．暂不需要　　　C．妻子觉得贵　　D．儿子不同意买

（　　）20．A．个子矮　　　　B．是个记者　　　C．学过法律　　　D．在使馆工作

 技巧三：　边听边记录关键词或细节，如时间、地点、数据等。如实在没听懂，也不要着急，选择符合生活常识的选项。

例1

你将听到下面一段话。

　　现在的孩子不仅缺少运动，还经常吃不健康的东西，这样对身体特别不好。建议家长提醒孩子多吃苹果、香蕉等水果，少喝饮料，少吃巧克力、糖等甜的东西。另外，还要让孩子多锻炼身体。

★问：1．根据这段话，现在的孩子有什么特点？　　　　　　　　　　　　（　　）

A．很瘦　　　　　B．爱出汗　　　　C．缺少运动　　　D．普遍戴眼镜

2．家长应该让孩子怎么做？　　　　　　　　　　　　　　　　　　　　（　　）

A．多预习　　　　B．多总结　　　　C．积累经验　　　D．多吃水果

（孔子学院总部/国家汉办《汉语水平考试真题集 HSK（四级）》（2018 版）试卷一第 36、37 题）

【技巧解析】这段话比较长，主要谈现在孩子们出现的一些问题，关键词有"缺少运动"、"吃不健康的东西"、"多吃水果"、"少吃甜的"和"多锻炼身体"。考生在听录音

时，建议边听边在试卷上记录下这些关键词。问题 1 的四个选项中，"很瘦"、"爱出汗"和"普遍戴眼镜"都没提到，所以问题 1 的正确答案是 C。从听力材料中"建议家长提醒孩子多吃苹果、香蕉等水果"一句可以知道家长应该让孩子多吃水果，所以问题 2 的正确答案是 D。

例 2

你将听到下面一段话。

不要以为只有人才会说话，实际上，大自然也有自己的语言，而且这语言到处都有，只要你仔细些就能发现。你抬头看天上的白云，美丽的白云高高在上，说明明天肯定是个晴天；你再看看水里的鱼儿，它们不停地跳出水面，那是在提醒你，要下雨了，出门别忘了带伞。

★问：1. 鱼儿跳出水面说明什么？ （ ）
A. 要下雨了　　B. 要刮风了　　C. 天要转晴　　D. 气温下降
2. 这段话主要谈的是什么？ （ ）
A. 生命科学　　B. 亚洲节日　　C. 阳光的作用　　D. 大自然的语言

（孔子学院总部/国家汉办《汉语水平考试真题集 HSK（四级）》（2018 版）试卷一第 40、41 题）

【技巧解析】 这段话主要谈的是关于天气的常识，关键词有"大自然也有自己的语言""白云高高在上""是个晴天""鱼儿，它们不停地跳出水面""要下雨了"。考生只要听出了这些关键词，问题就可迎刃而解。在问题 1 中，鱼儿跳出水面说明要下雨了，其他选项在听力材料中都没提到，因此问题 1 的正确答案是 A。如果实在没听懂，根据"鱼儿跳出水面，蚂蚁搬家，蜻蜓低飞等"这些生活中的常识也可以判断出"要下雨了"，从而选出正确答案。在问题 2 中，在听力材料中听到"大自然也有自己的语言"一句可以知道正确答案是 D。

趁热打铁

( ) 1. A. 方便　　B. 安全　　C. 付款快　　D. 可以存钱
( ) 2. A. 速度慢　　B. 竞争大　　C. 很流行　　D. 密码复杂
( ) 3. A. 民族文化　　B. 社会问题　　C. 生活烦恼　　D. 每天发生的事
( ) 4. A. 增加信心　　B. 减轻压力　　C. 减少误会　　D. 帮助练字
( ) 5. A. 1957 年通车　　B. 全长 1700 米　　C. 在两省中间　　D. 禁止火车通行
( ) 6. A. 改变气候　　B. 降低污染　　C. 吸引游人　　D. 推动城市发展
( ) 7. A. 找警察　　B. 搬椅子　　C. 抱住门　　D. 关上窗户

（　　）8．A．力气大　　　B．脾气差　　　C．喝多了　　　D．心情不好
（　　）9．A．道路安全　　B．没加油站　　C．修理汽车　　D．找停车的地方
（　　）10．A．坐地铁　　　B．骑自行车　　C．提前出发　　D．好好打扮

听力第二部分专项训练

（　　）1．A．材料丢了　　B．传真机坏了　　C．不能打印了　　D．少复印一份
（　　）2．A．长得帅　　　B．知识丰富　　　C．钢琴弹得好　　D．数学不合格
（　　）3．A．浪费时间　　B．容易被骗　　　C．不敢出门　　　D．影响心情
（　　）4．A．皮鞋　　　　B．衬衫　　　　　C．毛巾　　　　　D．牙膏
（　　）5．A．联系餐厅　　B．停车休息　　　C．喝杯果汁　　　D．吃点儿饼干
（　　）6．A．牛奶　　　　B．热水　　　　　C．咖啡　　　　　D．蛋糕
（　　）7．A．有趣　　　　B．无聊　　　　　C．很正式　　　　D．让人失望
（　　）8．A．教育　　　　B．感情　　　　　C．科学技术　　　D．社会问题
（　　）9．A．饼干　　　　B．蛋糕　　　　　C．包子　　　　　D．面条儿
（　　）10．A．很懒　　　　B．很厉害　　　　C．不够勇敢　　　D．很有自信
（　　）11．A．网址　　　　B．网速　　　　　C．打开方式　　　D．网站管理
（　　）12．A．签证　　　　B．招聘结果　　　C．电子邮件　　　D．普通话成绩
（　　）13．A．报纸　　　　B．杂志　　　　　C．电影　　　　　D．名字
（　　）14．A．很漂亮　　　B．很激动　　　　C．比较冷静　　　D．有些难过
（　　）15．A．发音　　　　B．语法　　　　　C．阅读　　　　　D．书写
（　　）16．A．房东　　　　B．医生　　　　　C．孙师傅　　　　D．他孙子
（　　）17．A．很咸　　　　B．不香　　　　　C．好吃　　　　　D．又甜又辣
（　　）18．A．研究难题　　B．总结工作　　　C．提报名要求　　D．谈公司特点
（　　）19．A．李记者　　　B．张律师　　　　C．李师傅　　　　D．张大夫
（　　）20．A．去爬长城　　B．去植物园　　　C．去森林公园　　D．去香山玩儿
（　　）21．A．饭店　　　　B．郊区　　　　　C．医院旁边　　　D．对面超市
（　　）22．A．查字典　　　B．问校长　　　　C．借笔记本　　　D．参观图书馆
（　　）23．A．加班　　　　B．检查身体　　　C．去亲戚家　　　D．参加聚会
（　　）24．A．发邮件　　　B．买杂志　　　　C．开证明　　　　D．发传真
（　　）25．A．功夫　　　　B．弹钢琴　　　　C．做蛋糕　　　　D．打羽毛球
（　　）26．A．哥哥　　　　B．叔叔　　　　　C．爸爸　　　　　D．邻居
（　　）27．A．脏了　　　　B．破了　　　　　C．太旧了　　　　D．推不开了
（　　）28．A．很无聊　　　B．很好看　　　　C．很难懂　　　　D．语言幽默

（　　）29．A．做汤　　　　　B．洗碗筷　　　　　C．拿勺子　　　　　D．洗葡萄

（　　）30．A．生意　　　　　B．暑假活动　　　　C．约会地点　　　　D．参观长城

听力第三部分专项训练

（　　）1．A．护士　　　　　B．导游　　　　　C．医生　　　　　　D．演员

（　　）2．A．钥匙　　　　　B．雨伞　　　　　C．证明信　　　　　D．邀请信

（　　）3．A．太重　　　　　B．借人了　　　　C．来不及带　　　　D．出差时间短

（　　）4．A．超市　　　　　B．房间里　　　　C．街道上　　　　　D．公共汽车上

（　　）5．A．很香　　　　　B．叶子很厚　　　C．喜欢阴凉　　　　D．很少开花

（　　）6．A．旅游　　　　　B．结婚　　　　　C．办签证　　　　　D．学画画儿

（　　）7．A．手表　　　　　B．传真　　　　　C．电脑　　　　　　D．冰箱

（　　）8．A．生病了　　　　B．起晚了　　　　C．太累了　　　　　D．以为没课

（　　）9．A．司机　　　　　B．警察　　　　　C．售货员　　　　　D．理发师

（　　）10．A．郊区　　　　　B．公司对面　　　C．地铁附近　　　　D．学校旁边

（　　）11．A．减轻压力　　　B．使人冷静　　　C．提高判断力　　　D．认识新朋友

（　　）12．A．自信　　　　　B．坚持练习　　　C．观看比赛　　　　D．找老师教

（　　）13．A．很奇怪　　　　B．很复杂　　　　C．让人失望　　　　D．让人感动

（　　）14．A．同情大人　　　B．想当记者　　　C．是个小作家　　　D．翻译了很多书

（　　）15．A．儿童　　　　　B．亲戚　　　　　C．不熟悉的人　　　D．脾气差的人

（　　）16．A．用词要准确　　B．笑话要短小　　C．说话要流利　　　D．故事不要太假

（　　）17．A．学车困难　　　B．无法管理　　　C．环境污染　　　　D．油价越来越高

（　　）18．A．少开空调　　　B．少用塑料袋　　C．不乱扔垃圾　　　D．乘坐公共交通

（　　）19．A．有名的　　　　B．聪明的　　　　C．优点多的　　　　D．什么都不做的

（　　）20．A．让人提醒　　　B．打好基础　　　C．按照规定做　　　D．从错误中学习

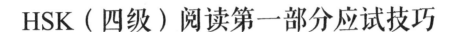

HSK（四级）阅读第一部分应试技巧

HSK（四级）阅读第一部分题目是"选词填空"，其中，第 46～50 题是单一句子的选词填空，第 51～55 题是 A、B 两人一问一答或两句对话中的选词填空。题型虽有变化，但相应的答题方法是通用的，下面分享此部分内容常用的一些答题技巧。

 技巧一：　根据对话的主题和关键词找答案。

在完成这部分题目前，要先浏览一遍答案备选词语和对话内容，根据对话内容中的关键词了解对话的大致主题，最后在答案中选择跟主题有关的词语。

 例 1

A. 密码　　B. 学期　　C. 温度　　D. 表示　　E. 流利　　F. 鼓励

A：今天真冷啊，好像白天最高（　　）才 2℃。

B：刚才电视里说明天更冷。

【孔子学院总部/国家汉办《汉语水平考试真题集 HSK（四级）》（2018 版）试卷例题】

【技巧解析】从对话中可以看到"冷""2℃"这样一些关键词就可以推断他们谈论的是天气问题，在备选答案中只有"温度"一词是与天气相对应的选项，从而可以快速选出答案 C。

例 2

A. 反映　　B. 陪　　　C. 温度　　D. 堵车　　E. 来得及　F. 肯定

A：快点儿，今天千万不能迟到。

B：还有 10 分钟呢，（　　　）。

（孔子学院总部/国家汉办《新汉语水平考试 HSK（四级）样卷》第 54 题）

【技巧解析】对话中提到的"快点儿""不能迟到""10 分钟"等关键词，可以推断出对话与时间有关。在备选词语中可以分析出只有"来得及"是与时间相关联的选项，从而可以选出答案 E。

趁热打铁

1. A. 速度　　B. 稍微　　C. 任务　　D. 坚持　　E. 苦　　　F. 出生

A：哥，你开慢点儿，（　　　）不能超过每小时 60 公里。

B：好的，我会注意的。

2. A. 所有　　B. 重　　　C. 降落　　D. 坚持　　E. 郊区　　F. 道歉

飞机在起飞及（　　　）的时候不允许使用电脑。

3. A. 占线　　B. 态度　　C. 温度　　D. 满　　　E. 动作　　F. 允许

A：这几个（　　　）太难了，我觉得自己跳不好。

B：放松点儿，你的基础不错，多练几次就会好的。

4. A. 秒　　　B. 吸引　　C. 温度　　D. 玩笑　　E. 随便　　F. 趟

A：看你兴奋的样子，这次用了多久？

B：13（　　　），速度比上次提高了不少呢。

 **技巧二：** 根据词性或搭配选出答案。

常用词语的词性和常见的搭配是学习词语时必须掌握的内容之一，特别是在选择词语进行填空时，这两方面的知识可以很好地帮助我们进行判断和选择。运用这个技巧的前提是要了解备选词语的词性，答题步骤常常是浏览对话后判断需要填写的部分大概是什么词，再结合备选语的词性进行选择。

例 1

A. 速度　　B. 稍微　　C. 任务　　D. 坚持　　E. 苦　　　F. 出生

这个药太（　　　）了，有糖吗？给我一块。

（孔子学院总部/国家汉办《汉语水平考试真题集 HSK（四级）》（2018 版）试卷四第 46 题）

【技巧解析】由句子中出现的结构"太＋……",可以判断后面需要填写的词语是形容词,再结合备选词语可选择唯一的一个形容词"苦",因此答案是 E。

例 2

A. 秒　　　B. 吸引　　C. 温度　　D. 玩笑　　E. 随便　　F. 趟

A：小丽好像有点儿不开心,你不该跟她开这样的(　　)。

B：那我去给她道个歉吧。

(孔子学院总部/国家汉办《汉语水平考试真题集 HSK(四级)》(2018 版)试卷二第 51 题)

【技巧解析】浏览对话,不难发现填空的前面有个名词的标志:结构助词"的",所以填写的内容一定是名词,备选答案中只有"秒""温度""玩笑"是名词,再结合 A 句中的"开……"可以知道这里还考查"开玩笑"这个词语搭配的运用。因此备选词语 D"玩笑"是正确答案。

🎂 **趁热打铁**

1. A. 到底　　B. 顺利　　C. 诚实　　D. 坚持　　E. 周围　　F. 质量
我们都相信马师傅,他是一个(　　)的人。

2. A. 所有　　B. 重　　C. 降落　　D. 坚持　　E. 郊区　　F. 道歉
这个行李箱太(　　)了,我们先寄存在火车站吧。

3. A. 密码　　B. 学期　　C. 温度　　D. 表示　　E. 流利　　F. 鼓励
A：真羡慕你,能说一口(　　)的汉语。

B：只要平时多练习,你也可以的。

4. A. 到底　　B. 顺利　　C. 诚实　　D. 坚持　　E. 周围　　F. 质量
广播里说,周日的空气(　　)很差,建议大家减少室外活动。

💡 **技巧三：** 关注一些常见的语法结构。

在句子中,我们也会常常遇到一些语法句型或者结构,平时在学习时就要注意积累一些语法句型或结构,这样在看到一个句子时就可以快速地判断这个句子中运用了什么样的语法句型或者结构,完成选词填空这样的题目也就不是什么难题了。

例 1

A. 速度　　B. 稍微　　C. 任务　　D. 坚持　　E. 苦　　　F. 出生

她们姐妹俩长得非常像，区别只是妹妹的皮肤（　　）白一些。

（孔子学院总部/国家汉办《汉语水平考试真题集 HSK（四级）》（2018 版）试卷四第 50 题）

【技巧解析】 通过题目我们了解到，句子在比较姐妹俩的皮肤谁的白一些，再结合备选词语，我们会不禁想起表示比较程度的语法结构"稍微＋adj.＋一点/一些"，句子中的"白一些"刚好符合"adj.＋一些"的语法结构，因此答案是 B。

例 2

A. 戴　　　B. 印象　　C. 温度　　D. 竞争　　E. 难道　　F. 专业

A：已经 15 号了，怎么还不发工资啊？

B：昨天就发了，（　　）你没收到银行的提醒短信吗？

（孔子学院总部/国家汉办《汉语水平考试真题集 HSK（四级）》（2018 版）试卷四第 52 题）

【技巧解析】 从对话可以知道 B 的回答是一个反问句，由此不难回忆起反问句的句型"难道……吗？"，因此答案是 E。

趁热打铁

1. A. 速度　　B. 稍微　　C. 任务　　D. 坚持　　E. 苦　　　F. 出生
（1）这只小狗一（　　）就被送到我们家了，因此和我们的感情很深。
（2）您就放心地把（　　）交给我吧，我保证能够按时完成。

2. A. 整理　　B. 猜　　　C. 叶子　　D. 坚持　　E. 千万　　F. 适应
这儿有水果，还有巧克力，想吃什么自己拿，（　　）别客气。

3. A. 到底　　B. 顺利　　C. 诚实　　D. 坚持　　E. 周围　　F. 质量
黑板上的数字（　　）是多少？你能看清吗？

阅读第一部分专项训练

1. A. 流利　　B. 道歉　　C. 客厅　　D. 坚持　　E. 烤鸭　　F. 好像
厨房地方太小了，冰箱最好还是放在（　　）里。

2. A. 占线　　B. 态度　　C. 温度　　D. 满　　　E. 动作　　F. 允许
A：刚刚那个售货员说了什么？
B：她说购物（　　）398 元就可以免费参加商场的抽奖活动。

3. A. 密码　　B. 学期　　C. 温度　　D. 表示　　E. 流利　　F. 鼓励

Ａ：你电脑的（　　　）是多少？我想用一下。

Ｂ：是我手机号码的后六位。

4．A. 随着　　B. 尝　　C. 春节　　D. 坚持　　E. 收拾　　F. 提醒

这是你做的饺子？真香！我先（　　　）一个。

5．A. 反映　　B. 陪　　C. 温度　　D. 堵车　　E. 来得及　　F. 肯定

Ａ：这些瓶子的数量对吧？

Ｂ：我都仔细检查过了，（　　　）没问题。

6．A. 到底　　B. 顺利　　C. 诚实　　D. 坚持　　E. 周围　　F. 质量

（1）原来你已经从南京回来了？一切都还（　　　）吧？

（2）我和我丈夫刚搬到这里不久，对（　　　）的环境还不太熟悉。

7．A. 所有　　B. 重　　C. 降落　　D. 坚持　　E. 郊区　　F. 道歉

（1）这家面包店正在做活动，顾客可以免费试吃（　　　）面包。

（2）我上礼拜天没去（　　　）玩儿，就在家对面的商场随便逛了逛。

8．A. 流利　　B. 道歉　　C. 客厅　　D. 坚持　　E. 烤鸭　　F. 好像

（1）我带的现金（　　　）不够，能刷卡吗？

（2）他来中国才半年时间，汉语就已经非常（　　　）了。

（3）这件事确实是你做得不对，你应该向哥哥（　　　）。

9．A. 占线　　B. 态度　　C. 温度　　D. 满　　E. 动作　　F. 允许

（1）A：小王的电话一直（　　　）。

　　　B：直接给他发短信吧，告诉他见面的时间、地点就行了。

（2）A：先生，打扰一下。这里是不（　　　）照相的。

　　　B：对不起，我没注意。

（3）A：老高对这件事情是什么（　　　）？

　　　B：没反对，但他说要好好考虑一下。

10．A. 秒　　B. 吸引　　C. 温度　　D. 玩笑　　E. 随便　　F. 趟

（1）A：你男朋友最（　　　）你的地方是什么？

　　　B：他很幽默，而且性格很好。

（2）A：时间来得及吗？我想去（　　　）厕所，刚才矿泉水喝多了。

　　　B：你去吧，我先去打印登机牌。

（3）A：你有什么好主意吗？

　　　B：这方面我不太懂，我不敢（　　　）说。

11．A. 陪　　B. 结果　　C. 温度　　D. 遍　　E. 至少　　F. 骗

（1）A：昨天那场羽毛球友谊赛的（　　　）怎么样？

　　　B：那还用问吗？百分之百是我们班赢啊！

（2）A：我晚饭吃得太饱了，你（　　）我去公园散散步吧？

　　　B：好啊，我也正想出去呢。

（3）A：我们离家油站还有多远？车马上就要没油了。

　　　B：（　　）还有两公里，真后悔出发前没把油箱加满。

12. A. 戴　　　B. 印象　　C. 温度　　D. 竞争　　E. 难道　　F. 专业

（1）A：你对小李的（　　）怎么样？

　　　B：挺好的，我就喜欢这种性格活泼的女孩儿。

（2）A：我们往前坐吧，我没（　　）眼镜，看不清楚黑板上的字。

　　　B：行，咱们去第三排？

（3）A：现在找工作的压力挺大的。

　　　B：是啊，往往是几十个人（　　）一个工作。

13. A. 整理　　B. 猜　　C. 叶子　　D. 坚持　　E. 千万　　F. 适应

（1）昨天学校举行了春季运动会，你（　　）哪个班成绩最好？

（2）有的动物会通过改变皮肤颜色来（　　）周围的环境。

（3）这么多材料，一天怎么可能全部（　　）完啊？

14. A. 密码　　B. 学期　　C. 温度　　D. 表示　　E. 流利　　F. 鼓励

（1）A：你刚刚这个动作是什么意思？

　　　B：在我们国家，它（　　）"你很棒"。

（2）A：你这（　　）的课多吗？

　　　B：不多，主要是几门数学方面的基础课。

（3）A：祝你演出成功，加油！

　　　B：谢谢你的（　　），我会努力的！

HSK（四级）阅读第二部分应试技巧

　　HSK（四级）阅读第二部分题目是"排列顺序"，从 56～65 题，一共 10 小题。每小题提供 A、B、C 三个句子，要求考生把这三个句子按顺序排列起来，使它们形成意思完整、连贯的一段话。这部分主要考查考生对语段的阅读理解能力及语言的表达能力。该题型的一般答题步骤可分为五步：（1）通读题中所给的三个句子，找出它们讲述的主要对象；（2）理清每个句子包含的信息或所要表达的内容；（3）综合三个句子的讲述对象或中心主题找出排在第一的句子；（4）根据每个句子中明显或隐藏的关联词语所形成的逻辑关系找出排在第二、第三的句子；（5）通读排列后的语段，检查整个语段表达的内容是否通顺合理。下面分享完成阅读第二部分常用的一些答题技巧。

 **技巧一：** 明确句子中代词的指代对象。

代词的作用是指代前文出现过的人或事物，通常不会出现在一个语段中的第一句。当看到题中某个句子包含代词时，需要认真分析它是指代另外两个句子中的哪个对象，这样能更容易地排列出三个句子的先后顺序。

例 1

A. 我希望他以后能像老虎一样勇敢

B. 遇到任何困难都不害怕

C. 儿子是虎年出生的

（孔子学院总部/国家汉办《汉语水平考试真题集 HSK（四级）》（2018 版）试卷一第 56 题）

【技巧解析】通读三个句子，可以判断出 A 句中的代词"他"指代 C 句中的"儿子"，C 句应该在 A 句前面，B 句是接着叙述 A 句所希望的内容，所以正确的排列顺序是 CAB。

例 2

A. 爷爷很爱听京剧

B. 偶尔还会跟着广播唱上几句

C. 每天早上他都会听几段

（孔子学院总部/国家汉办《汉语水平考试真题集 HSK（四级）》（2018 版）试卷一第 60 题）

【技巧解析】通读三个句子，可以判断出 C 句中的代词"他"指代 A 句中的"爷爷"，A 句应该在 C 句前面，B 句是接着叙述 C 句所说听广播后的偶尔表现，所以正确的排列顺序是 ACB。

⚒ 趁热打铁

1. A. 例如，每天让西红柿"听"三个小时这样的音乐

   B. 报纸上说，轻松、活泼的音乐可以让植物长得更快

   C. 它们竟然可以长到一公斤重

2．A．观众在看电视时

　　B．就能判断出他表演水平的高低

　　C．往往通过演员一个很小的动作

　　_____

3．A．张老师是专门教汉语语法的

　　B．都说她很厉害

　　C．那些上过她课的学生

　　_____

4．A．昨天是我跟李医生第一次见面

　　B．所以我对他的印象特别好

　　C．他很有礼貌，也很幽默

　　_____

5．A．我星期日早上遇到房东了

　　B．就看到他上了一辆出租车，好像很着急的样子

　　C．刚想跟他打个招呼

　　_____

 **技巧二：** 关注句子中表示时间先后的词语。

　　时间顺序是汉语句子间连接的一种基本顺序，我们可以通过找出句子中包含的表示时间顺序的词语，再按照事情发生的先后顺序来排列句子，完成答题。

例 1

A．上学后，他常常跟同学去打篮球

B．弟弟小时候很矮，当时家里人都担心他长不高

C．现在个子差不多有一米八了

（孔子学院总部/国家汉办《汉语水平考试真题集 HSK（四级）》（2018 版）试卷一第 65 题）

【技巧解析】 通读三个句子，找出句子中出现的"上学后""小时候""现在"三个表示时间先后顺序的词语，不难判断出正确的排列顺序是 BAC。

例2

A. 吃完饭都好好休息一下

B. 下午我们还有更重要的任务要完成

C. 各位辛苦了，我们为大家准备了午餐

（孔子学院总部/国家汉办《汉语水平考试真题集HSK（四级）》（2018版）试卷二第63题）

【技巧解析】通读三个句子，关注并找出句子中出现的"吃完饭""下午""准备了午餐"三个表示时间先后顺序的词语，不难判断出正确的排列顺序是CAB。

趁热打铁

1. A. 昨晚妹妹发短信给我

   B. 最后还让我和妈妈不要为她担心

   C. 说她一切都很顺利

   _____

2. A. 结果现在申请也来不及了

   B. 但我还是忘记了

   C. 昨天姐姐提醒我去报名参加篮球比赛

   _____

3. A. 梦里有很多巧克力蛋糕和饼干

   B. 可惜我刚准备吃，就被妈妈叫醒了

   C. 我昨晚做了一个梦

   _____

4. A. 我没有继续读硕士

   B. 去年大学毕业后

   C. 而是回到老家，跟朋友一起做起了生意

   _____

5. A. 除了每个月的工资外，年底奖金也很多

   B. 现在在一家互联网公司上班

   C. 刚才跟我打招呼的小伙子是个硕士毕业生

   _____

 技巧三： 根据句中的关联词进行逻辑排序。

逻辑顺序是汉语句子间连接的一种基本顺序，我们可以先找出句子中包含的明显的关联词语，再按照这些关联词语所提供的逻辑关系来排列句子，完成答题。

例1

A．还能说几句上海话

B．不但能讲一口标准的普通话

C．他在中国学习、工作了六年

（孔子学院总部/国家汉办《汉语水平考试真题集 HSK（四级）》（2018 版）试卷四第 59 题）

【技巧解析】通读三个句子后，可以发现题中有"还""不但"两个关联词，这类关联词所形成的是表示递进关系的逻辑顺序"不但……还……"，因此可以判断 CBA 为正确排列顺序。

例2

A．小李工作起来特别认真

B．他从来都不叫苦叫累

C．不管遇到多难解决的事情

（孔子学院总部/国家汉办《汉语水平考试真题集 HSK（四级）》（2018 版）试卷一第 62 题）

【技巧解析】通读三个句子后，可以发现题中有"都""不管"两个关联词，这类关联词所形成的是表示条件关系的逻辑顺序"不管……都……"，因此可以判断 ACB 为正确排列顺序。

🎂 趁热打铁

1. A．连十万块都不到，尤其适合女性开

   B．而且价格也不贵

   C．这辆红色的汽车，不但样子漂亮

   _____

2. A．即使在天气最热的七八月份

B．贵阳是一个十分适合生活的城市

C．那里仍然很凉快

_____

3．A．一方面是由于她吃得很健康

B．刘阿姨看上去比实际年龄小很多

C．另一方面是她的脾气很好，从来不生气

_____

4．A．既然知道问题出在哪儿

B．并保证以后不再出现相同的情况

C．那么我们就应该想办法解决

_____

5．A．所以还是得穿厚一点儿

B．今天的温度虽然不低

C．但外面一直在刮大风

_____

 **技巧四：** **抓住主题词语后判断表述背后隐藏的逻辑关系。**

有时候我们会发现题中虽然不包含关联词，但综合三个句子的讲述对象或中心主题后不难抓住主题词语，再围绕这个主题词语可以判断出它们表述内容背后隐藏的逻辑关系，然后进行排列顺序，完成答题。

例1

A．各位旅客，我们的飞机已经安全降落了

B．祝您旅行愉快，下次再见

C．请您拿好自己的行李，按顺序下飞机

（孔子学院总部/国家汉办《汉语水平考试真题集HSK（四级）》（2018版）试卷四第62题）

【技巧解析】在阅读题中三个句子时，发现主题词"各位旅客"，就可以明确另外两个句子的内容就是围绕对"各位旅客"展开相关信息的表述，提醒旅客们离开飞机时需要注意的事情，然后道别。可以判断ACB为正确顺序。

例2

A. 到商场一层服务窗口取回，谢谢
B. 请您在听到广播后
C. 有哪位顾客丢了一个红色的钱包

（孔子学院总部/国家汉办《汉语水平考试真题集 HSK（四级）》（2018 版）试卷五第 62 题）

【技巧解析】在阅读题中三个句子时，发现主题词"哪位顾客"，就可以明确另外两个句子的内容就是围绕对"哪位顾客"展开相关信息的表述，提醒丢了红色钱包的顾客在听到广播后去哪里认领钱包。可以判断 CBA 为正确顺序。

🔨 趁热打铁

1. A. 那家店的家具样子都不错
   B. 购物满 5000 元还可以免费送货，现在买非常合适
   C. 正好这个月有打折活动

   _____

2. A. 我都会回忆起那时既紧张又愉快的生活
   B. 这个盒子里存放着我高中时所有的照片
   C. 每次打开它

   _____

3. A. 把其中的字换个顺序排列
   B. 汉语中有些词语特别有趣
   C. 意思可能就变了，比如"白雪"和"雪白"

   _____

4. A. 估计进去就得迷路
   B. 你看这里
   C. 环境太复杂了，我连入口都找不到

   _____

5. A. 这本词典你从哪儿买的
   B. 甚至中间还缺了一页
   C. 里面很多词语的解释都有错误

   _____

阅读第二部分专项训练

1. A. 恐怕是迷路了

   B. 结果还是没有走出去

   C. 我们已经在森林里走了一个多小时了

   _____

2. A. 我更喜欢凉快的秋天

   B. 与暖和的春天相比

   C. 因为那时有满山的红叶，非常浪漫

   _____

3. A. 如果你愿意，放暑假的时候可以去那儿住

   B. 但我平时都会打扫，很干净

   C. 我父母的房子一直是空着的

   _____

4. A. 出发之前的一些准备工作是不可缺少的

   B. 外出旅游是一件值得高兴的事

   C. 为了保证出行顺利

   _____

5. A. 快擦擦，我去给你倒杯果汁

   B. 对皮肤也不好，看你脸上的汗

   C. 既然这么辣就别吃了

   _____

6. A. 只有按照一定的顺序排列这些号码

   B. 否则很难看出来

   C. 你才能发现它们之间的关系

   _____

7. A. 不但作者的意思理解起来有些困难

   B. 这本小说写得不太好

   C. 而且故事内容也不够精彩

   _____

8. A. 可是也没有表示反对

B．她虽然十分吃惊

C．我把这件事告诉妈妈时

_____

9．A．他还是会感到很伤心

　　B．然而每次回忆起来

　　C．尽管那件事已经过去很久了

_____

10．A．我刚才给你发了一封电子邮件

　　B．收到后请仔细阅读并根据安排做好准备工作

　　C．内容是关于下周考试的一些安排

_____

11．A．就在车里，你下楼来拿吧

　　B．我专门买了牛奶、咖啡和一些你爱吃的东西

　　C．喂，听说你最近复习很辛苦

_____

12．A．而且价格也不太高

　　B．由于这种植物在北方特别常见

　　C．因此几乎每家都有几棵

_____

13．A．广播说五号有大雨

　　B．再次举行的时间还没有决定，让我们等通知

　　C．所以那天的参观活动只好推迟了

_____

14．A．我当时怎么没想到呢？真是太笨了

　　B．刚刚小云告诉我答案时

　　C．我才发现原来这个题这么简单

_____

15．A．恐怕是搬家了吧

　　B．没找到那个小伙子的家

　　C．我按照你给的地址找过了

_____

16. A. 详细的安排我已经挂到公司网站上了

    B. 这次互联网技术交流活动将在下周二举行

    C. 大家先看一下，根据安排做好准备

    _____

17. A. 本来只是想开个玩笑

    B. 结果他竟然真送了我一份礼物

    C. 我故意骗他说今天是我的生日

    _____

18. A. 仔细想想，原来是手机的短信提醒声

    B. 以为有人来了，于是忙跑去开门，可外面一个人也没有

    C. 我刚睡醒，就听到几下敲门的声音

    _____

19. A. 再仔细检查一遍

    B. 尤其是答案和姓名，看看是不是都写上了

    C. 大家注意一下，考试时间还剩十分钟

    _____

20. A. 开车过去要一个小时，而且中午很可能需要排队

    B. 但它在郊区

    C. 那家饭店虽然饭菜味道不错

    _____

21. A. 我们原计划在八月底完成这个工作

    B. 速度之快让其他同事都很吃惊

    C. 结果却提前了差不多一个月

    _____

22. A. 但对于这个选择我从没有后悔过

    B. 大二的时候才转到经济学院学习

    C. 我原来的专业是法律

    _____

HSK（四级）阅读第三部分应试技巧

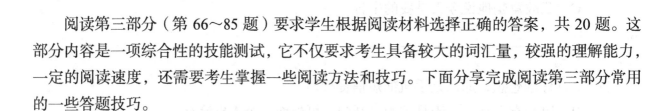

阅读第三部分（第 66～85 题）要求学生根据阅读材料选择正确的答案，共 20 题。这部分内容是一项综合性的技能测试，它不仅要求考生具备较大的词汇量，较强的理解能力，一定的阅读速度，还需要考生掌握一些阅读方法和技巧。下面分享完成阅读第三部分常用的一些答题技巧。

 根据问题中的关键词找答案。

这种技巧主要在完成细节题时运用。细节题主要考查考生对短文中的事实或细节（如时间、地点、原因、特点等）的理解程度。在完成这样的试题时，考生不要急着阅读短文内容，可以先阅读一遍问题，找出题目中的关键词，再带着关键词快速查找原文中相同或相近的词语，然后在上下文中找出答案。

例 1

在选择专业时，除了要为以后的发展做打算，还要考虑自己的兴趣。如果选择了不喜欢的专业，即使上了大学，也很难学好。有句话说得好：兴趣才是最好的老师。

★我们在选择专业时，应考虑：　　　　　　　　　　　　　　　　（　　）

A. 家庭条件　　　　B. 竞争压力　　　　C. 父母的态度　　　　D. 自己的兴趣

（孔子学院总部/国家汉办《汉语水平考试真题集 HSK（四级）》(2018 版) 试卷二第 79 题）

【技巧解析】根据题目首先可以确定关键词是"选择专业"和"考虑"，然后带着这两个关键词回到原文查找，根据原文第一句就可以判断 D 为正确答案，不必再继续往下阅读，从而节省答题时间。

例 2

一开始，爸妈不支持我学音乐，而是希望我像他们一样做一个律师。后来他们看我真心喜欢音乐，于是就尊重我的决定了。

★爸妈同意他的选择，是因为他： 　　　　　　　　　　　　　　（　　　）

A. 爱好表演　　　B. 法律成绩差　　C. 学得太辛苦　　D. 真心喜欢音乐

（孔子学院总部/国家汉办《汉语水平考试真题集 HSK（四级）》（2018 版）试卷一第 67 题）

【技巧解析】根据题目首先可以确定关键词是"爸妈""同意""选择"，然后带着这三个关键词回到原文查找，发现原文中并没有"同意""选择"两个关键词，但是有与它们意义相近的词"尊重""决定"，找到"于是就尊重我的决定了"，再根据上文"他们看我真心喜欢音乐"，可以判断 D 为正确答案。

趁热打铁

1. 演出票还剩很多，我们选 675 元这个价格的吧。座位在中间，离演员很近，看得也更清楚。

★票价是 675 元的座位： 　　　　　　　　　　　　　　　　　　　（　　　）

A. 在左边　　　　　　　　　　　B. 数量少

C. 能躺着　　　　　　　　　　　D. 距离演员近

2. 关校长办公室的电话不是没人接，就是占线，我真后悔没有存他的手机号。

★说话人后悔： 　　　　　　　　　　　　　　　　　　　　　　　　（　　　）

A. 没写地址　　　　　　　　　　B. 打扰了别人

C. 没记住密码　　　　　　　　　D. 没存手机号

3. 咱们新买的房子客厅和厨房都比较小，肯定放不下这么多家具，我们还是把这个小沙发和餐桌送人吧。

★他们为什么要把家具送人？ 　　　　　　　　　　　　　　　　　（　　　）

A. 太旧了　　　　　　　　　　　B. 新房小

C. 不流行了　　　　　　　　　　D. 亲戚送了新的

4. 我之前去过很多地方，但从来没去过海边，所以我打算今年暑假去海南旅游，顺便放松一下。

★他今年暑假要干什么？ 　　　　　　　　　　　　　　　　　　　（　　　）

A. 爬长城　　　　　　　　　　　B. 去海洋馆

C. 去森林公园　　　　　　　　　D. 去海边玩儿

5. 前段时间特别冷，公园里都没什么人。这几天暖和了，散步的、跳舞的、运动的人也都多了起来，公园又像以前一样热闹了。

★公园为什么又变热闹了？ 　　　　　　　　　　　　　　　　　　（　　　）

A. 花儿开了　　　　　　　　　　B. 天气热了

C. 污染轻了　　　　　　　　　　D. 门票免费了

6. 对于我们来说，做一件好事并不难，难的是一直做好事。

　　★做好事应该：　　　　　　　　　　　　　　　　　　（　　）

　　A. 坚持　　　　　　　　　　　B. 别后悔

　　C. 有责任感　　　　　　　　　D. 不怕危险

7. 虽然这份工作工资很高，我也挺喜欢，但由于经常出差，我无法多陪女儿，所以我还是打算放弃，重新换份工作。

　　★他决定：　　　　　　　　　　　　　　　　　　　　（　　）

　　A. 换工作　　　　　　　　　　B. 应聘经理

　　C. 离开学校　　　　　　　　　D. 在家照顾女儿

8. 中国人见面常说的一句话就是"吃了吗"。它是熟人之间常用的打招呼的方式，就像有些国家的人见面会说"今天天气不错"一样。

　　★根据上文，中国人什么时候会说"吃了吗"？　　　　　（　　）

　　A. 抽烟时　　　　　　　　　　B. 睡醒时

　　C. 打招呼时　　　　　　　　　D. 表示感谢时

9. 学会拒绝是一门生活的艺术。比如有时受到别人的邀请，可自己又确实不想去，那么这时，怎样友好、礼貌地拒绝别人就变得十分重要了。学习一些拒绝的方法，会减少许多麻烦，让你与他人的交流过程更加愉快。

　　★学会拒绝可以：　　　　　　　　　　　　　　　　　（　　）

　　A. 少受批评　　　　　　　　　B. 获得友谊

　　C. 少些麻烦　　　　　　　　　D. 改变性格

技巧二： 关注段首和段尾句中的关键词。

这种技巧主要运用于完成主旨题。主旨题主要从整体上考查学生理解短文的写作意图和主要内容的能力，常出现的题目类型是"这段话主要介绍/谈的是……"。遇到这样的题目主要关注段首或段尾句中的关键词即可。

例1

这次考试的填空题很容易，都是书上的内容，我只花了15分钟就做完了。但后面的问答题挺难的，其中有两个我实在答不出来，就空着交上去了。

　　★上文主要谈的是：　　　　　　　　　　　　　　　　（　　）

　　A. 考试题　　　B. 考试规定　　　C. 学期安排　　　D. 数学作业

（孔子学院总部/国家汉办《汉语水平考试真题集 HSK（四级）》（2018版）试卷二第72题）

【技巧解析】 从题目"上文主要谈的是"可以知道此题为主旨题，重点关注段首第1句中出现"考试""填空题""容易"，不难判断主要谈与考试题目相关的内容。因此可判断 A 为正确答案。

例2

语言是了解一个民族历史与文化的密码，因为艺术、科学、经济等都离不开语言。汉语是世界上历史最久远的语言之一。与几千年前相比，虽然现在的汉字在书写上有了很大的变化，但我们仍然可以通过它们来了解以前中国人的生活情况。

★上文主要谈的是： （ ）

A．语法学习 　　　B．语言的作用　　C．汉语的特点　　D．学语言的关键

（孔子学院总部/国家汉办《汉语水平考试真题集 HSK（四级）》（2018 版）试卷四第 81 题）

【技巧解析】 从题目"上文主要谈的是"可以知道此题为主旨题，重点关注段首第1句中"语言是……密码"以及段尾"可以通过它们来了解……"，都是在说语言的作用。因此不难判断 B 为正确答案。

🔥 趁热打铁

1. 他向她求婚时，只说了三个字："相信我。"她生下女儿的时候，他对她说："辛苦了。"女儿结婚那天，他对她说："还有我。"他收到她病危通知的那天，不停地对她说："我在这儿。"她要走的那一刻，他在她耳边轻声说："你等我。"这一生，他没对她说过一次"我爱你"，但爱，从来没有离开过。

★这段话主要讲什么？ （ ）

A．什么是爱 　　　　　　　　B．民族特点

C．要原谅别人 　　　　　　　D．要经常说谢谢

2. 幽默是成功者的共同特点之一，也是值得现代人好好学习的一种生活态度。幽默像一把钥匙，能打开人与人之间交流的大门。幽默包括很多方面，最主要的是语言上的幽默，例如讲笑话。一个人在合适的时间讲一个合适的笑话，不仅能证明他是一个聪明人，而且还能拉近与其他人的距离。

★这段话主要谈的是： （ ）

A．要诚实 　　　　　　　　　B．要有礼貌

C．幽默的作用 　　　　　　　D．怎么提醒别人

3. 生活就像一道菜，其中有酸，有甜，有苦，有辣，无论哪种味道都是必不可少的。正是由于有这些不同的味道，生活才变得丰富多彩。

★这段话主要谈什么？ （　　）

A. 梦　　　　　　　　　B. 生活

C. 生命　　　　　　　　D. 艺术

4. 有人用数字来说明身体健康的重要性，认为身体健康是 1，其他都是 1 后边的 0，如果没有 1，就算有再多的 0 也没用。所以平时要注意锻炼，别等身体出问题了才后悔。

★这段话主要谈： （　　）

A. 要少流泪　　　　　　B. 应重视数学

C. 健康的重要性　　　　D. 怎样提高成绩

5. 选择职业时，你最看重什么？工资、奖金还是将来的发展？在我看来，赚钱多少不是最重要的，兴趣才是关键。当你喜欢做一件事情的时候，你会带着热情去工作，就不会感到累，更不会觉得有太大的压力。如果每天都能这样愉快地工作，你会觉得很幸福。

★这段话主要谈的是： （　　）

A. 怀疑精神　　　　　　B. 学校教育

C. 阅读的作用　　　　　D. 职业选择的关键

6. 有些人总说，他无法改变现在的情况，因为他无法改变周围的环境。实际上，我们过什么样的生活是由我们的态度决定的。就像一位名人说的那样："任何环境中，人们都有一种最后的选择，那就是自己的态度。"

★这段话主要谈什么？ （　　）

A. 要有耐心　　　　　　B. 做事要主动

C. 态度决定生活　　　　D. 要有怀疑精神

 技巧三：　根据文中的关键词进行推断。

此类推断题常见的提问方式有"说话人在做什么""上文告诉我们应该怎么做""根据上文可以知道""说话人是什么意思/态度"等，完成此类题目时需要根据文中的关键词推断出选项中有关的内容和答案。

例 1

尽管我们今天输了，但这并不能说明我们永远都在别人后面。只要我们认真练习，继续努力，下次赢的一定是我们，大家加油！

说话人在做什么？ （　　）

A. 批评人　　B. 鼓励大家　　C. 回忆过去　　D. 讨论失败原因

（孔子学院总部/国家汉办《汉语水平考试真题集 HSK（四级）》（2018 版）试卷二第 68 题）

【技巧解析】快速浏览原文后，发现文中有"输""赢""加油"等关键词，这些关键词常常是在鼓励别人时用到的词语，因此可以判断 B 为正确答案。

例 2

现在很多人感觉自己还很年轻，光知道努力赚钱，却不注意身体健康。等老了，身体出了问题，再花钱看病。要知道，健康才是最重要的，千万不要"用身体赚钱，再用钱来买个好身体"。

★根据上文，可以知道： （　　）

A. 要有信心　　　B. 要按时吃药　　C. 健康最重要　　　D. 钱能买到生命

（孔子学院总部/国家汉办《汉语水平考试真题集 HSK（四级）》（2018 版）试卷二第 78 题）

【技巧解析】快速浏览原文后，发现文中有"身体""健康""看病"等关键词，可以猜测短文主要讲的是"身体健康"的问题，再加上文中有"健康才是最重要的"这句话，让我们更确定地判断 C 为正确答案。

例 3

感谢大家多年来对我的支持和鼓励，我能有今天的成绩，离不开大家的帮助，谢谢各位！让我们共同举杯，为我们能有更美好的将来干杯！

★说话人是什么意思？ （　　）

A. 烦恼很多　　　B. 祝贺大家　　C. 感谢大家　　D. 多积累经验

（孔子学院总部/国家汉办《汉语水平考试真题集 HSK（四级）》（2018 版）试卷三第 77 题）

【技巧解析】快速浏览原文后，发现文中有"感谢""谢谢"等关键词，可以猜测短文主要表达的是"感谢"的意思，因此可以判断 C 为正确答案。

趁热打铁

1. 我估计是吃坏肚子了，已经跑了好几趟厕所，可肚子还是很不舒服，看来下午得请假去医院看一下了。

★说话人： （　　）

A. 没吃饱　　　　　　　　　B. 胳膊酸

C. 害怕打针　　　　　　　　D. 肚子难受

2. 我们俩已经超过十年没见面了，今天一见都特别激动。当回忆起以前经历过的事情时，我们两个人都非常开心。

★他们俩： （　　）

A．刚毕业   B．爱开玩笑

C．没什么变化   D．认识很久了

3. 小马毕业后一直没有找到合适的工作，前不久他在网上看见一家公司在招聘，他觉得自己符合所有的条件，所以决定去试一下。

   ★小马打算做什么？   （   ）

A．去应聘   B．做生意

C．出国旅游   D．练习普通话

4. 失败是成功之母。要想获得成功，首先得接受失败。只有勇敢地接受失败并继续努力下去，才能获得最后的成功。有些人没能成功，往往是因为他们在失败时马上就选择了放弃。

   ★上文告诉我们应该怎么做？   （   ）

A．接受失败   B．懂得改变

C．别害怕竞争   D．学会管理金钱

5. 随着手机、刷卡付款越来越普遍，现在很多人出门都不习惯带现金了。其实，身上带点零钱还是有好处的，尤其是到了那些只收现金的地方。

   ★说话人建议出门怎么做？   （   ）

A．带零钱   B．注意节约

C．只带现金   D．熟悉地址

6. 我的邻居王先生对人非常友好，经常帮助周围的人。有一次，他看我力气小，直接帮我把一箱矿泉水搬上了五楼，并且还告诉我以后有什么困难记得找他。

   ★关于王先生，可以知道：   （   ）

A．脾气差   B．很诚实

C．很友好   D．有点儿懒

7. 你要是不愿意坐出租车，可以去北京西站。那儿有专门开往首都机场的公共汽车，每半小时一趟，准时出发，价格也不贵，比乘坐出租车便宜多了。

   ★说话人建议：   （   ）

A．先买票   B．去南站

C．坐公共汽车   D．走高速公路

8. 这件事你需要跟张教授商量一下，他要是不同意，恐怕你很难进行研究。另外，研究过程中你会遇到很多问题，少不了要听听他的意见。

   ★上文告诉我们应该怎么做？   （   ）

A．暂时别做   B．快点儿做完

C．按照规定做   D．和张教授商量

9. 你们俩之所以有误会，是因为你们有不同的意见却不愿意说出来。你们俩最好抽时

间谈一谈，把误会说清楚，以后再遇到问题时，应该及时商量。

★说话人认为他们应该： （　　）

A. 诚实勇敢　　　　　　　B. 互相道歉

C. 少些怀疑　　　　　　　D. 解释误会

10. 小夏给我介绍的那个减肥方法效果特别好，我才坚持了两个星期，就感觉自己瘦了不少，你也可以试试。

★关于说话人，可以知道什么？ （　　）

A. 很可怜　　　　　　　　B. 要去约会

C. 正在减肥　　　　　　　D. 会打网球

 **技巧四：** 抓住表示转折关系的关联词后面的信息。

答题时我们常常发现"但是/可是/却/然而/其实/相反……"等一些表示转折关系的关联词出现的地方常常是出题的重点。在阅读短文时应该特别关注，做好标记，然后抓住这些**关联词后面的信息**进行答题。

例1

如果你讨厌一个人，很可能是因为你将重点放在了他的缺点上，而没看到他优秀的一面。其实，每个人身上都有值得别人学习的地方，不要因为"讨厌"而错过了学习的机会。

★上文告诉我们要怎么做？ （　　）

A. 学会感谢　　B. 别害怕改变　　C. 照顾好自己　　D. 学习他人优点

（孔子学院总部/国家汉办《汉语水平考试真题集HSK（四级）》（2018版）试卷二第74题）

【技巧解析】快速浏览原文后，发现关联词"其实"，就可以明确其后面的内容就是答题相关的重要信息，"其实"后面的两句中都含有"学习"一词，四个选项中只有 D 选项与"学习"有关。可以判断 D 为正确答案。

例2

小时候，我希望自己将来能做一个导游，这样我可以一边工作，一边到世界各地旅行。然而，我最后却选择了护士这个职业，因为我想帮助更多需要帮助的人。

★她认为护士这个职业可以： （　　）

A. 看病不排队　　B. 让别人羡慕　　C. 学更多知识　　D. 帮助更多人

（孔子学院总部/国家汉办《汉语水平考试真题集HSK（四级）》（2018版）试卷二第75题）

【技巧解析】快速浏览原文后，发现关联词"然而"，就可以明确其后面的内容就是答题相关的重要信息，"然而"后面的句子提到"最后选择了护士这个职业"，"因为我想帮助更多需要帮助的人"。因此可以判断 D 为正确答案。

趁热打铁

1. "你对无人汽车怎么看？""你最近读过什么文章吗？"在一场招聘会上，很多毕业生遇到这样的问题。在这场招聘会上，80%以上的公司不再把"职业技术""工作经验"等当作必要条件，而是把"交流能力"当成招聘的新要求。"会不会聊天儿已经成为许多公司对应聘者的普遍要求。"一位公司负责人说。

★现在公司招聘更重视：　　　　　　　　　　　　　　　　（　　）

A. 年龄 　　　　　　　　　　B. 性别

C. 交流能力 　　　　　　　　D. 教育水平

2. 你是否遇到过这样的情况：在寒冷的冬季，即使还有 30%的电，手机也可能自己关机。你千万不要以为是手机坏了，其实这是手机的低温保护起了作用。

★根据上文，可以知道手机：　　　　　　　　　　　　　（　　）

A. 有低温保护 　　　　　　　B. 能判断方向

C. 可收发消息 　　　　　　　D. 能与人交流

3. 有个人总是买最大号的鞋子穿，别人问他，他就会回答："既然大鞋小鞋是一样的价格，为什么不买大的？"然而他忘记了一点，不合脚的鞋子会让他一生都不舒服。其实，不管什么，适合自己的才是最好的。

★这段话主要想告诉我们：　　　　　　　　　　　　　　（　　）

A. 不能粗心 　　　　　　　　B. 合适最重要

C. 要学会拒绝 　　　　　　　D. 要养成好习惯

4. 每年有成千上万的高中毕业生报名参加艺术考试，他们中很多人都抱着成为著名演员的理想，但其实大部分考生并不清楚表演究竟是什么。

★根据这段话，很多考生：　　　　　　　　　　　　　　（　　）

A. 年龄很大 　　　　　　　　B. 成绩优秀

C. 不理解表演 　　　　　　　D. 对游戏有兴趣

5. 人们往往只看见别人成功时获得的鲜花和掌声，却很少去注意别人在取得成功之前流下的汗水。

★人们很少注意到：　　　　　　　　　　　　　　　　　（　　）

A. 自己的优点 　　　　　　　B. 自己的责任

C. 别人的批评 　　　　　　　D. 别人的努力

6. 人们常说，不管别人说什么，我只相信自己眼睛看见的东西。其实，眼睛也可能会骗人，有时候实际情况并不像我们看见的那样。

　　★这段话告诉我们：　　　　　　　　　　　　　　　　　　　　（　　）

　　A. 不能难过　　　　　　　　　　B. 要多阅读

　　C. 眼睛会骗人　　　　　　　　　D. 要按时检查身体

7. 感谢支持你的人，也要感谢反对你的人。因为支持的声音能让我们获得前进的信心，而反对的声音可以让我们更清楚地认识到自己的缺点，找到努力的方向。

　　★这段话告诉我们要：　　　　　　　　　　　　　　　　　　　（　　）

　　A. 积累经验　　　　　　　　　　B. 有怀疑精神

　　C. 感谢反对者　　　　　　　　　D. 向失败者学习

8. 以前的人以胖为美，现在的人以瘦为美。尽管随着社会的发展，美的标准一直在变，但是无论什么时候，美丽的基础都是健康。如果没有了健康，也就没有了美丽。

　　★说话人认为：　　　　　　　　　　　　　　　　　　　　　　（　　）

　　A. 哭很正常　　　　　　　　　　B. 健康最关键

　　C. 散步好处多　　　　　　　　　D. 不要羡慕富人

9. 如果一个星期内发现有任何质量问题，我们都可以免费为您换，但是购物小票一定不能丢。否则，按照商场规定，我们是没法给您换的。

　　★说话人提醒他：　　　　　　　　　　　　　　　　　　　　　（　　）

　　A. 看说明书　　　　　　　　　　B. 别丢了小票

　　C. 塑料袋收费　　　　　　　　　D. 重新填表格

10. 有些事情不是看到希望才去坚持，而是因为坚持了才会看到希望。有了前面的坚持，才会有后面的获得。所以，不到最后一刻，千万别放弃。

　　★这段话告诉我们：　　　　　　　　　　　　　　　　　　　　（　　）

　　A. 要有自信　　　　　　　　　　B. 要有礼貌

　　C. 别害怕孤单　　　　　　　　　D. 坚持才有希望

技巧五：　排除法。

　　使用排除法的题目常用的提问方式为"关于……，可以知道什么""根据上文，下列哪项正确/不是……"等，此类题目常常是对选项的一种判断选择，我们可将选项中的关键词逐项带回短文中查找相关根据，如果原文没有相关关键词，即可排除该选项。

例1

真正的友谊并不是指经常见面、时时联系，而是互相都很了解。即使很久没见，见面之后仍然有许多话说；即使不常联系，但无论你遇到什么困难，他都会一直支持你、帮助你。

★关于真正的友谊，可以知道什么？ （ ）

A. 经常聚会 B. 没有误会 C. 坚持联系 D. 互相支持

（孔子学院总部/国家汉办《汉语水平考试真题集 HSK（四级）》（2018 版）试卷二第 69 题）

【技巧解析】浏览选项后，可以抓住各选项中的关键词"聚会、误会、联系、支持"，带着这些关键词回到短文中，发现没有"误会、聚会"两词，因此 A 和 B 可排除，再看虽然文中有"联系"一词，但它的前面还有"并不是"，所以答案 C 也可排除，最后剩下的 D 就是正确答案了。

例2

语言是了解一个民族历史与文化的密码，因为艺术、科学、经济等都离不开语言。汉语是世界上历史最久远的语言之一。与几千年前相比，虽然现在的汉字在书写上有了很大的变化，但我们仍然可以通过它们来了解以前中国人的生活情况。

★关于汉字，可以知道： （ ）

A. 数量少了 B. 发音变了 C. 不难书写 D. 书写有变化

（孔子学院总部/国家汉办《汉语水平考试真题集 HSK（四级）》（2018 版）试卷一第 69 题）

【技巧解析】浏览选项后，可以抓住选项中的关键词"数量、发音、不难书写、书写变化"，带着这些关键词回到短文中，发现没有"数量、发音、不难书写"这些词语，因此 A、B、C 均可排除，最后剩下的 D 就是正确答案了。

趁热打铁

1. 听说那位作家的新小说刚刚被翻译成了中文，我就买了一本。结果发现，翻译的质量太差了，有很多地方都不符合原文，真让人失望。

★那本小说： （ ）

A. 不好理解 B. 得了大奖

C. 与爱情有关 D. 翻译水平低

2. 每年的 11 月前后，上海都会举行国际艺术节。来自世界各地的艺术家们会受邀来到这里，同时，精彩的活动也会吸引很多普通市民前来参观。

★根据上文，上海国际艺术节： （ ）

A．很精彩　　　　　　　　　B．啤酒免费

C．于春季举办　　　　　　　D．重视国际关系

3．我的老家在东北，那里的冬天特别冷。不过下雪后，树上会落一层厚厚的雪，窗户上也会出现许多冰花，远远看去，漂亮极了。

★关于东北，可以知道： （ ）

A．空气新鲜　　　　　　　　B．冬天很冷

C．夏天景色美　　　　　　　D．有很多动植物

4．李教授的突然出现让大家都很激动。因为我们之前邀请他的时候，他还在北京出差，大家都以为他无法参加会议了，没想到他还是赶来了。

★关于李教授，可以知道： （ ）

A．很年轻　　　　　　　　　B．参加了会议

C．提了很多意见　　　　　　D．去北京旅游了

5．张家界国家森林公园是中国第一个国家森林公园，也是著名的旅游景点之一，距离市区只有32公里。由于公园内有很多树，因此空气新鲜，夏季凉快，冬季暖和，让人感觉十分舒服。

★张家界国家森林公园： （ ）

A．很安静　　　　　　　　　B．门票免费

C．空气很好　　　　　　　　D．不允许照相

6．尽管我和小雪的性格很不一样，对很多问题的看法也不同，但这并没有影响我们的友谊。相反我们还互相学到了很多。

★她和小雪： （ ）

A．在减肥　　　　　　　　　B．都爱旅行

C．性格不同　　　　　　　　D．都喜欢打扮

7．别喝这种饮料，越喝越渴。你出了这么多汗，最好喝点儿加了盐的水或饮料。这样对身体好。

★出汗后可以喝： （ ）

A．茶　　　　　　　　　　　B．啤酒

C．果汁　　　　　　　　　　D．加盐的水

8．"你对无人汽车怎么看？""你最近读过什么文章吗？"在一场招聘会上，很多毕业生遇到这样的问题。在这场招聘会上，80%以上的公司不再把"职业技术""工作经验"等当作必要条件，而是把"交流能力"当成招聘的新要求。"会不会聊天儿已经成为许多公司对应聘者的普遍要求。"一位公司负责人说。

★根据上文，以前的招聘条件中可能会有什么要求？ （ ）

A．硕士毕业　　　　　　　　　　B．态度认真

C．普通话标准　　　　　　　　　D．有工作经验

9．姐姐四岁起就跟着一位著名的京剧演员学唱京剧。她不仅聪明，而且很努力，常常受到邀请去各地演出，现在认识她的人越来越多了。

　　★关于姐姐，可以知道？　　　　　　　　　　　　　　　　（　　）

A．会唱京剧　　　　　　　　　　B．是个作家

C．很有礼貌　　　　　　　　　　D．很有耐心

10．引起森林大火的原因还没有查清楚，有消息说是因为最近的高温天气，但也有人猜是有的人故意或无意中引起的，因为警察在附近发现了烟头。春季森林容易发生火情，所以我们一定不要在树或草较多的地方用火，否则很容易发生危险。

　　★关于那场森林大火，下列哪个正确？　　　　　　　　　（　　）

A．火很小　　　　　　　　　　　B．跟气候有关

C．发生在秋季　　　　　　　　　D．原因还不清楚

阅读第三部分专项训练

1．理发的时候总会遇到这样的情况：本来只是想稍微修一下头发，理发师却鼓励你改变自己，理一个完全不一样的发型。可如果你听了他的建议，结果往往是钱没少花，效果却不够理想。

　　★有时候理发师的建议：　　　　　　　　　　　　　　　　（　　）

A．十分专业　　　　　　　　　　B．让人兴奋

C．不够详细　　　　　　　　　　D．不一定适合你

2．这个广告主要是想提醒人们：海洋污染已经十分严重，如果再不重视保护大自然，我们的生活环境将会越来越差。

　　★那个广告告诉我们要怎么做？　　　　　　　　　　　　（　　）

A．节约用水　　　　　　　　　　B．了解地球

C．少用塑料袋　　　　　　　　　D．重视环境问题

3．我有点儿困，先躺一会儿，你记得九点叫醒我。今晚有我最喜欢的足球队的比赛，要是错过就太可惜了。

　　★他晚上准备做什么？　　　　　　　　　　　　　　　　（　　）

A．看球赛　　　　　　　　　　　B．收拾房间

C．打羽毛球　　　　　　　　　　D．看京剧表演

4．我们学校后面有一条小吃街，那里的东西不仅好吃，而且还不贵。平时没课时，同学们都爱去那儿逛逛。

★那条小吃街的东西怎么样？   （   ）

A．便宜   B．新鲜

C．卫生不合格   D．不适合老人吃

5．人们总是羡慕别人的成功，却看不到别人为此付出的努力。成为什么样的人，关键是看你把时间浪费在羡慕上，还是用在学习别人的成功经验上。

★要想成功，应该：   （   ）

A．有耐心   B．努力付出

C．做好计划   D．接受自己的缺点

6．昨天我和同事去逛街，看上了一双挺好看的皮鞋，质量也不错，而且还打折，只可惜没有适合我穿的号了。

★那双鞋：   （   ）

A．样子一般   B．正在打折

C．有点脏   D．不是很流行

7．观众对这部电影的印象很差，大部分人都表示电影时间太长，并且很难理解，实在是浪费时间，不值得观看。

★观众觉得那部电影：   （   ）

A．很棒   B．很假

C．不值得看   D．不太积极

8．如果你忘记了公司邮箱密码，可以试着通过回答安全问题找回来。如果这样也不行，那你可以跟咱们公司网站的负责人联系。

★公司邮箱密码可以通过什么找回？   （   ）

A．发短信   B．换电脑

C．向经理申请   D．回答安全问题

9．我前几天有点儿咳嗽，本来以为吃点儿药就会好，结果一个星期过去了还是很难受，最后不得不去医院打了一针。

★说话人前些天：   （   ）

A．生病了   B．心情不好

C．刚理完发   D．丢了眼镜

10．"一字千金"这个词来自一个历史故事，是说有一篇文章，如果有人能在其中增加或减少一个字，就可以得到很多钱。后来人们常用这个词语来指一个人文章写得好。

★"一字千金"指：   （   ）

A．收入高   B．字数少

C．画儿很贵   D．文章写得好

11．我妹妹很瘦，无论吃多少都不会长胖，而我正好相反，只要稍微多吃点儿就会变

胖。看她穿什么都那么漂亮，我真是羡慕死了。

★说话人羡慕妹妹什么？ （　　）

A．聪明　　　　　　　　　　B．有耐心

C．会弹钢琴　　　　　　　　D．不容易长胖

12．开玩笑的目的是为了让大家开心，但是如果不考虑方式、不讲地点，就可能会有完全相反的效果。如果出现了这种情况，你千万不要以为别人都不懂幽默，而是应该想想到底为什么你的幽默没能让人发笑。

★为什么有时候幽默起不到作用？ （　　）

A．不够直接　　　　　　　　B．方式不对

C．没有重点　　　　　　　　D．讲得太慢

13．我本来没想买那本书，只是因为无聊，随便看了几页，没想到里面的内容特别精彩，我完全被它吸引了。

★那本书： （　　）

A．卖完了　　　　　　　　　B．内容很棒

C．有很多笑话　　　　　　　D．翻译得不太好

14．长江是中国第一大河，也是世界第三长河，它与黄河共同被看作中国的"母亲河"。长江中生活着上千种水生动植物，其中还有不少是受国家重点保护的。

★关于长江，可以知道： （　　）

A．动植物多　　　　　　　　B．江水很脏

C．不允许游泳　　　　　　　D．是亚洲第二长河

15．我开了空调，有些凉。你刚打完球，出了一身汗，还是先别急着脱衣服，否则很容易感冒。

★为什么不要着急脱衣服？ （　　）

A．天阴了　　　　　　　　　B．有点儿凉

C．来客人了　　　　　　　　D．说话人发烧了

16．尽管我很喜欢吃饺子，但是不得不说包饺子确实很麻烦。但要是很多人一起包就不一样了，不仅会包得很快，而且过程也会变得有趣得多。

★说话人觉得大家一起包饺子： （　　）

A．很奇怪　　　　　　　　　B．太辛苦

C．很有意思　　　　　　　　D．不太顺利

17．要想成为一名合格的国际导游，首先要能说一口流利的外语，其次要有丰富的历史文化知识，最后还要有诚实、友好的态度。如果再有点儿幽默感，那就更好了。

★一名合格的国际导游应该： （　　）

A．外语流利　　　　　　　　B．喜欢热闹

C．硕士毕业　　　　　　　　D．不会迷路

18. 马上就要放暑假了，各位同学一定要注意安全，不要去危险的地方，外出时最好有父母陪着。希望大家假期愉快！下课！

　　★说话人提醒同学们：　　　　　　　　　　　　　　（　　）

　　A．要节约　　　　　　　　　　B．小心被骗

　　C．注意安全　　　　　　　　　　D．准时交作业

19. "千里之行，始于足下"大意是说要到远方去，你就必须走出第一步。它告诉我们，要想获得成功，就要从小事做起，一点点积累。空有计划却不去做，再远大的理想也不能成真。

　　★根据上文，成功：　　　　　　　　　　　　　　　（　　）

　　A．让人羡慕　　　　　　　　　　B．需要积累

　　C．只是暂时的　　　　　　　　　　D．可轻松获得

20. 海洋中生活着一种很特别的鱼，叫飞鱼。它能够跳出海面飞行 40 多秒，最远能飞 400 多米。

　　★关于飞鱼，可以知道：　　　　　　　　　　　　（　　）

　　A．很轻　　　　　　　　　　　　B．很友好

　　C．能飞几百米　　　　　　　　　　D．数量在减少

21. 您好！先生，我们正在做一个关于购物习惯的调查，您能帮忙填下表格吗？不会耽误您太久的，填完我们还会送您一份小礼物。

　　★那个调查是关于什么的？　　　　　　　　　　　（　　）

　　A．爱情　　　　　　　　　　　　B．购物习惯

　　C．收入情况　　　　　　　　　　D．阅读时长

22. 小时候我常在日记中写将来要做的事情。比如将来我要成为一个律师，将来我要去世界各地看看等。可惜，等将来真的到来时，我才发现自己做到的很少。所以，光说是没有用的，有了理想就要向着它努力。

　　★上文告诉我们要：　　　　　　　　　　　　　　（　　）

　　A．多赚钱　　　　　　　　　　　B．学会放弃

　　C．相信自己　　　　　　　　　　D．为理想努力

23. 各位旅客，火车马上就要到北京站了。有需要上卫生间的旅客，请您在进站前使用，再过十五分钟，卫生间将停止使用。感谢您的理解和支持。

　　★进站后，厕所将：　　　　　　　　　　　　　　（　　）

　　A．停水　　　　　　　　　　　　B．进行打扫

　　C．继续使用　　　　　　　　　　D．禁止使用

24. 你们看地图，有两条路可以通往山上。左边这条路虽然长一些，但危险性低，更适合下山。所以我建议从右边上山，左边下山，你们觉得怎么样？

★左边那条路： （　　）

A．更安全　　　　　　　　　　　B．没路灯

C．景色美丽　　　　　　　　　　D．不会迷路

25．有些人喜欢严格要求别人，然而对自己的要求却会稍微放松一些。当我们要求别人时，最好想一想，如果换成自己来做，是否也能获得自己要求的效果。这样也许我们就更能理解别人了。

★要求别人时，不应该： （　　）

A．不热情　　　　　　　　　　　B．不礼貌

C．太严格　　　　　　　　　　　D．缺少耐心

26．年底了，公司要开总结大会，各地分公司的负责人都会参加。公司十分重视这次会议，最近大家都在加班整理手中的任务，准备总结，很少能按时下班。

★大家最近： （　　）

A．总迟到　　　　　　　　　　　B．常常聚会

C．经常加班　　　　　　　　　　D．收到了奖金

27～28　当被问到"什么才是真正的幸福"时，人们的答案各不相同，但如果仔细比较一下，还是会发现很多共同点。比如，家人健康、有几个谈得来的朋友、有一份收入不错的工作等。正如一位著名作家说过的：大家想要的幸福其实都差不多，要想得到它，虽不简单，却也不难。

★根据上文，下列哪个不是说话人认为的"幸福"？ （　　）

A．家人健康　　　　　　　　　　B．特别富有

C．工资满意　　　　　　　　　　D．有好朋友

★关于幸福，可以知道： （　　）

A．很难解释　　　　　　　　　　B．标准很高

C．不难得到　　　　　　　　　　D．没有区别

29～30　你是否遇到过这样的情况：在寒冷的冬季，即使还有 30% 的电，手机也可能自己关机。你千万不要以为是手机坏了，其实，这是手机的低温保护起了作用。当你在温度较高的室内重新开机后，你会发现手机仍然可以正常使用。

★温度较低的时候，手机可能会： （　　）

A．坏掉　　　　　　　　　　　　B．暂时关机

C．声音变小　　　　　　　　　　D．时间不准确

★根据上文，可以知道手机： （　　）

A．有低温保护　　　　　　　　　B．能判断方向

C．可收发消息　　　　　　　　　D．能与人交流

31～32　唐伯虎小时候跟着著名画家沈周学画画儿。他积极努力，学得很快，经常受

到老师的表扬。没想到，这却使他慢慢骄傲起来。为了让唐伯虎改掉这个坏习惯，沈周想了一个办法。一天，沈周让唐伯虎去打开一个窗户。可唐伯虎走近了才发现，那个窗户竟然是老师画上去的。唐伯虎的脸一下子就红了，他觉得自己的画儿比老师的差远了。从那以后，他再也不敢得意了，而是更加努力地学画画儿。

★唐伯虎刚开始学画画儿时： （ ）

A. 总是失败　　　　　　　　B. 常被表扬

C. 有点粗心　　　　　　　　D. 觉得很无聊

★沈周那样做，是想告诉唐伯虎： （ ）

A. 别紧张　　　　　　　　　B. 要诚实

C. 不要骄傲　　　　　　　　D. 要有同情心

33～34　每个人都有理想，但并不是所有的理想都能成真。理想不能太大太空，而应该符合实际。另外，理想也不能只停留在嘴上，必须积极去做，按照计划一步步地进行，并且在做的过程中及时总结经验，这样才能更准确地判断出前进的方向。

★什么样的理想才能成真？ （ ）

A. 浪漫的　　　　　　　　　B. 有特点的

C. 受到表扬的　　　　　　　D. 符合实际的

★为了使理想成真，我们应该： （ ）

A. 做事冷静　　　　　　　　B. 多听建议

C. 积极去做　　　　　　　　D. 养成好习惯

35～36　怎样才能买到价格便宜的机票呢？首先，买得越早越便宜。航班起飞前十天内，打折的机票就不会剩太多了。其次，星期一、星期二或节日后几天的机票会更便宜，因为这几天出行的人一般较少。最后，在互联网上购买机票也会节约不少钱。

★根据上文，机票的价格跟什么有关？ （ ）

A. 季节　　　　　　　　　　B. 买票时间

C. 降落时间　　　　　　　　D. 想去的地方远近

★网上购票的优点是什么？ （ ）

A. 花钱少　　　　　　　　　B. 过程简单

C. 可先选座位　　　　　　　D. 可推迟付款

37～38　我出生在"山城"重庆，长江经过这座美丽的城市。重庆既是山水之城，又是著名的"桥都"，全市共有4500多座桥，远远超过中国其他城市。桥对于重庆有着重要的作用，以前人们过江需要乘船，现在直接过桥就行了。可以说，桥大大方便了山城人的出行。

★重庆为什么被叫作"桥都"？ （ ）

A．桥身高　　　　　　　　　　　B．桥的标准高

C．桥的数量多　　　　　　　　　D．有亚洲最长的桥

★关于重庆，下列哪个正确？　　　　　　　　　　　　（　　　）

A．很凉快　　　　　　　　　　　B．很干净

C．有山有水　　　　　　　　　　D．黄河经过那里

39～40　小夏，不管这个学生是否优秀，你都应该给他相同的重视和应有的尊重。这是你的职业要求，也是一位教育工作者的责任。如果你不能将自己的喜好与工作很好地区别开，我觉得你就不能成为一位合格的老师。

★合格的老师应该：　　　　　　　　　　　　　　　　（　　　）

A．很认真　　　　　　　　　　　B．有理想

C．尊重校长　　　　　　　　　　D．重视每个学生

★说话人对小夏是什么态度？　　　　　　　　　　　　（　　　）

A．批评　　　　　　　　　　　　B．同情

C．相信　　　　　　　　　　　　D．关心

41～42　我父亲是一个儿童作家，当别人介绍他是"著名作家"时，他却总是说自己只是一个"讲故事的人"。我很喜欢听父亲讲故事，后来也试着写过儿童小说，却没有父亲写得精彩。父亲对我说，写给儿童的故事不一定要有多美的语言，但一定要有好的内容，那些能让孩子学到知识的故事才是真正的好故事。

★根据上文可以知道，父亲：　　　　　　　　　　　　（　　　）

A．很浪漫　　　　　　　　　　　B．很粗心

C．很有名　　　　　　　　　　　D．很严格

★父亲认为什么样的儿童故事才是好故事？　　　　　　（　　　）

A．内容好　　　　　　　　　　　B．笑话多

C．不太复杂　　　　　　　　　　D．与实际差不多

43～44　随着互联网走入人们的生活，知识的获得也变得越来越容易了。但网上的信息有正确的，也有错误的，在这种情况下，判断真假就变得尤其重要了。只有当你有了判断对错的能力后，你才能从复杂多变的环境中获得真正有用的信息。

★根据上文，网上的信息有什么特点？　　　　　　　　（　　　）

A．及时　　　　　　　　　　　　B．详细

C．不完全正确　　　　　　　　　D．容易被怀疑

★与获得知识相比，更重要的是：　　　　　　　　　　（　　　）

A．学会接受　　　　　　　　　　B．总结经验

C．适应环境　　　　　　　　　　D．判断信息真假

45～46　有个年轻人去一家公司面试。当他到了面试地点后才发现，自己前面已经有

二十几个人在排队了。怎样才能引起经理的注意，让他在面试自己前不选择别人呢？终于他想出了一个好主意。他拿出一张纸条，在上面写了几个字，然后请人交给经理。经理看后，大笑起来。原来纸条上写着："先生，我排在第 24 位，在您看到我之前，请千万别忙着做决定。"最后，他打败了其他面试者，赢得了这份工作。

★当他到面试地点时发现： （ ）

A．排队人多   B．招聘已结束

C．需要填表格   D．没有座位了

★他为什么要给经理写纸条？ （ ）

A．祝贺经理   B．表示关心

C．想提前面试   D．引起经理注意

47～48 研究发现，学习结束半个小时之后，学过的内容有 40%左右都会被忘记，所以及时复习非常重要。另外，多次短时复习比长时间复习的效果要好，就是说每天进行三次十分钟的复习，比每天用 30 分钟复习一次的效果更好。

★根据上文，如果不及时复习，可能会： （ ）

A．忘记知识   B．受到批评

C．得不到表扬   D．越学越辛苦

★什么样的复习方式比较有效？ （ ）

A．边看边写   B．短时多次

C．只看重点   D．与同学讨论

49～50 近年来，餐厅之间的竞争越来越激烈。商家们为吸引顾客，想出了各种办法。过去最常见的方法是降低价格，但随着材料价格的提高，低价带来的结果往往是饭菜质量下降。于是，现在很多餐厅开始在用餐环境和服务上做改变，希望通过有趣的用餐环境和优质的服务吸引顾客。

★降价可能会影响： （ ）

A．顾客心情   B．饭菜质量

C．餐厅卫生   D．服务员工资

★现在餐厅在哪方面有改变？ （ ）

A．用餐环境   B．节约用纸

C．付款方式   D．广告内容

HSK（四级）书写第一部分应试技巧

　　这一部分（第86～95题）共10道题，每题提供几个词语，要求考生把这几个词语排列成一个正确的句子。书写是一项考查词汇和语法运用的综合性技能测试，它不仅需要考生熟悉四级大纲的词汇及其用法，还要掌握一定的语法知识。本部分内容将主要介绍一些常考句型的答题技巧。

 常考句型一： 动词谓语句。

1. 句子结构

主语 ＋ 动词 ＋ 宾语 ⟶ 谓语

我　　　学习　　汉语。

2. 答题技巧

（1）找动词。

　　"动词谓语句"，顾名思义，句子的谓语部分一定是动词，那如何能快速地判断哪个词语是动词呢？找动词标记，如"着、了、过、一下"等这些助词都是**用在动词后面**的。

（2）找动词的主语和宾语。

　　确定了动词之后，找主语和宾语。一般来说，**主语是用在动词前的表示人或事物的名词或代词**，如"爸爸""妈妈""学校""我""你""这"等；**宾语是用在动词后表示做了什么的名词**，如"我学习汉语"这个句子，"汉语"是宾语。

（3）确定状语或定语的位置。

状语的位置一般在动词前、主语后。状语最明显的标志是"……**地 + v.**",因此看到"……地",那这个词一定是**状语,要放在动词前**。如"开心地笑","开心地"是状语,放在"笑"的前面。**定语的位置一般在名词前**,表示这个人/物怎么样。定语最明显的标志是"……**的 + n.**",如"蓝色的桌子","蓝色的"是定语,要放在名词"桌子"前。

例 1

准时　　所有人　　回到了　　都　　宾馆

_____

(孔子学院总部/国家汉办《汉语水平考试真题集 HSK(四级)》(2018 版)试卷一第 92 题)

【**技巧解析**】根据题目可以确定"了"前面的"回到"一定是动词,从而判定这个句子是动词谓语句。根据动词谓语句的结构,找到动词的主语"所有人","回到"后面一定是地点,因此确定是"宾馆"。先将句子的主干"所有人回到了宾馆"写出来,接着把"都"和"准时"放在动词前就可以写出完整的句子:所有人都准时回到了宾馆。

例 2

已经　　妹妹　　大学的生活　　适应了

_____

(孔子学院总部/国家汉办《汉语水平考试真题集 HSK(四级)》(2018 版)试卷一第 95 题)

【**技巧解析**】根据题目找到动词标记"了",可以确定"适应了"是谓语动词,接着只需要找到谓语动词的主语(一般是人)和宾语(一般是事或物),就可以准确地写出句子的主干"妹妹适应了大学的生活"。"已经"是副词,放在谓语动词前,所以,完整的句子是:妹妹已经适应了大学的生活。

如果动词是一些特殊动词,如"喜欢、打算、计划、准备、进行、决定、拒绝、禁止"等,或者能愿动词,那么动词后还要再加一个动词。

例 3

拒绝　　关先生　　这次活动　　参加

_____

(孔子学院总部/国家汉办《汉语水平考试真题集 HSK(四级)》(2018 版)试卷三第 91 题)

【**技巧解析**】题目中有"拒绝"这个词,这是一个特殊动词,后面还需要再加一个动词。"参加"也是一个动词,由此可以先写出"拒绝参加"。接着找出主语和宾语,谁拒绝参加什么?便可写出正确的句子:关先生拒绝参加这次活动。

📛 趁热打铁

1. 所有的　他　用光了　力气

_____

2. 一封　收到了　来自　我　国外的信

_____

3. 提前　我们　完成了　这次任务

_____

4. 上　禁止　高速公路　随便停车

_____

5. 你　考上了　祝贺　博士

_____

常考句型二：　形容词谓语句。

1. 句子结构

主语　＋　┌─────────────────┐　　┌─────────────┐
　　　　　│ 程度副词　＋　形容词 │──→│ 形容词谓语 │
　　　　　└─────────────────┘　　└─────────────┘
玛丽　　　　　很　　　　聪明。

2. 答题技巧

先找程度副词，如"很、非常、十分、特别、太、极了、更、比较、相当"，如果题目中出现这些词，那么我们基本上就可以判断该题是形容词谓语句了。

例 1

主意　棒　太　这个　了

_____

（孔子学院总部/国家汉办《汉语水平考试真题集 HSK（四级）》（2018 版）试卷一第 86 题）

【技巧解析】根据题目找到程度副词"太"，"太 + adj. + 了"是固定搭配，因此可以很快地把"太棒了"组合在一起作为句子的谓语部分。题目中只有一个名词"主意"，那它肯定是句子的主语（注意：主语可以是名词，也可以是人称代词"你、我、他/她"等）。因此可以写出句子：这个主意太棒了。

趁热打铁

1. 表演　很　精彩　这些演员的

_____

2. 作者　很有名　小说的　那本

_____

3. 下雨　很湿润　后　空气

_____

常考句型三：　"把"字句。

1. 句子结构

sb. ＋ 把 ＋ sth. ＋ 谓语动词 ＋ 补语 ＋ 其他
我　　把　自行车　　骑　　　走　　　了。

2. 答题技巧

（1）一定要记住"把"字句后面的宾语是动作作用的对象。
（2）熟悉"把"字句的常用句型。

序　号	常　用　句　型	例　句
1	A＋把＋B＋动词＋补语	她把电脑弄坏了。
2	A＋把＋B＋动词＋在＋地点处所	她把花儿摆在客厅里了。
3	A＋把＋B＋动词＋到＋地点处所	你把钥匙送到办公室。
4	A＋把＋B＋动词＋给＋sb.	我把作业交给老师了。
5	A＋把＋B＋动词＋成＋sth.	她把这篇课文翻译成英文了。

例

我　信　了　寄出去　把

_____

（孔子学院总部/国家汉办《汉语水平考试真题集HSK（四级）》（2018版）试卷二第87题）

【技巧解析】根据题目，一看到"把"就知道这是个"把"字句。按照格式，先找到主语"我"，我把什么东西怎么样了？这样很快就能写出正确的句子：我把信寄出去了。

趁热打铁

1. 昨天的　把　倒掉　菜　姐姐　了

_____

2. 关教授的　地址　我好像　把　写错了

_____

3. 这些报纸　按　排列好　请把　时间顺序

_____

常考句型四： "被"字句。

1. 句子结构

（1）sth. ＋ 被 ＋ sb. ＋ 谓语动词 ＋ 补语 ＋ 其他
　　自行车　被　麦克　　骑　　走　　了。
（2）sb. ＋ 被 ＋ sth. ＋ 谓语动词 ＋ 补语 ＋ 其他
　　我哥哥　被　车　　撞　　伤　　了。

2. 答题技巧

（1）记住"被"后面的宾语一定是做出动作的人。
（2）"被"后面的宾语可以不出现，例如，我的钱包被偷了。
（3）口语中，可以用"让""叫""给"替代"被"，但后面一定要有宾语。

例

我　被　扔进了　信封　垃圾桶

_____

（孔子学院总部/国家汉办《汉语水平考试真题集 HSK（四级）》（2018 版）试卷一第 90 题）

【技巧解析】根据题目，一看到"被"就知道这是个"被"字句。按照格式，先找到主语"信封"和宾语"我"，信封被我怎么样了？这样很快就能写出正确的句子：信封被我扔进了垃圾桶。

 **趁热打铁**

大部分顾客　　价格　　较低的　　都被　　吸引了

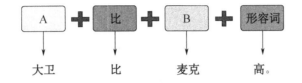 **比较句。**

1. 比较句的结构

```
  A  ＋  比  ＋  B  ＋  形容词
  ↓     ↓     ↓      ↓
 大卫    比    麦克     高。
```

2. 答题技巧

掌握比较句的各种句型。

形　式	句　　型	例　　句
肯定形式	A 比 B ＋ 更/还 ＋ adj.	今天比昨天还/更冷。
	A 比 B ＋ 更/稍微/还 ＋ adj. 一点儿/一些	这件比那件更/稍微/还贵一点儿/一些。
	A 比 B ＋ adj. ＋ 得多/多了	北京比南宁大得多/多了。
否定形式	A 没有/没 B ＋ adj.	昨天没（有）今天冷。
	A 不如 B ＋ adj.	那本不如这本好。

例

这双皮鞋的　　比那双　　颜色　　稍微深　　一些

（孔子学院总部/国家汉办《汉语水平考试真题集 HSK（四级）》（2018 版）试卷二第 95 题）

【**技巧解析**】根据题目可以确定考查的是比较句的句型"A 比 B ＋ adj. ＋ 一些"，A 和 B 为比较句的对象，常为名词，由此可知 A 为"这双皮鞋的颜色"。再套用上述句型结构，可以得出句子的正确排列顺序是：这双皮鞋的颜色比那双稍微深一些。

 **趁热打铁**

1. 毕业生数量　　今年的　　多了一倍　　比前年

---

2. 上个月　轻了　我比　稍微　点儿

3. 打针　好　比吃药　效果

常考句型六：　"是……的"结构句。

答题技巧

（1）题目中如果有"是……的"，则先把其余的词组成句子。
（2）把"是……的"按照句子结构放在合适的位置。
"是……的"用法主要有三种。

① 强调时间：主语＋是＋时间＋谓语动词＋的。
例如，我是昨天到北京的。
② 强调地点：主语＋是＋地点＋谓语动词＋的。
例如，票是在汽车站买的。
③ 强调方式：主语＋是＋表示方式的短语＋谓语动词＋的。
例如，我是开车来的。

例

原因　什么　大火是　引起的

（孔子学院总部/国家汉办《汉语水平考试真题集 HSK（四级）》（2018 版）试卷一第 88 题）

【技巧解析】 由题目中同时有"是""的"这两个词，可以知道考的是"是……的"句型，可以写出"大火是……引起的"。由题目中的疑问代词"什么"知道这是一个问句，于是可以很快写出正确的句子：大火是什么原因引起的？

趁热打铁

1. 填　的　哪些信息　要　是必须

2. 专为老年人　提供的　这椅子　是

3. 2009 年 7 月 8 日　　我孙子　　是　　出生的

_____

4. 去年秋天　　她儿子　　出生　　是　　的

_____

常考句型七： 动补结构句。

答题技巧

掌握动补结构句中的几种补语类型。

（1）结果补语：补语是动词或形容词，表示动作做的结果怎么样。动词后不带"得"。

　　　动词 + 动词：写完、看见、听懂、合上、拿走、找到、换成。

　　　动词 + 形容词：做好、写对、洗干净、说清楚、答错、念熟。

（2）趋向补语：补语表示运动的方向，动词和补语中间不带"得"。

　　　动词 + 趋向补语：走 + 来、去。

　　　　　　　　　　　　跑 + 上来、上去、下来、下去、进来、进去、出来、出去、

　　　　　　　　　　　　回来、回去、过来、过去、起来。

（3）可能补语：动词和补语中间加"得"或"不"，表示能做什么或不能做什么。

结果补语/趋向补语	可能补语	
	肯定式	否定式
吃完	吃得完	吃不完
爬上去	爬得上去	爬不上去

（4）程度补语："得"的前面是动词，后面是程度副词"很、非常、特别"等。表示动作或状态所达到的某种程度。

肯定式：写得很好、洗得很干净。

否定式：写得不好、洗得不干净。

例

那篇　　精彩　　写　　文章　　得　　很

_____

（孔子学院总部/国家汉办《汉语水平考试真题集 HSK（四级）》（2018 版）试卷一第 89 题）

【技巧解析】 题目中有"得"，可以判断考的是动补结构句。"写"是动词，先确定句子的谓语部分，什么东西写得怎么样？这样很快可以写出正确的句子：那篇文章写得很精彩。

🎂 趁热打铁

1. 这份　很　写得　材料　详细

_____

2. 小孙子　非常　咳嗽得　严重

_____

3. 中文　很流利　说得　他的

_____

4. 整理　儿子的复习笔记　得　很详细

_____

💡 **常考句型八：** 反问句。

HSK（四级）考试中有时会考"难道……吗"这种类型的反问句，如果在题目中同时出现了"难道""吗"，首先判断考的是反问句的语法。此时可以先不管"难道……吗"，把其余的词组成句，再把"难道……吗"按照句子结构放在合适的位置。

例

任何　没听到　你难道　响声　吗

_____

（孔子学院总部/国家汉办《汉语水平考试真题集 HSK（四级）》（2018 版）试卷二第 93 题）

【技巧解析】题目中同时出现了"难道""吗"这两个词，可以判断题目考的是"难道……吗"的反问句。先不管"你难道……吗"这两个词，找出句子的谓语动词"没听到"，没听到什么？根据题目可以知道是"没听到任何响声"，这样就可以写出正确的句子：你难道没听到任何响声吗？

🎂 趁热打铁

不知道　难道你　连这个规定　都

_____

常考句型九： 固定搭配。

HSK（四级）考试中常常会考"对……有好处""对……有效""符合……规定"等固定搭配的句型，我们只需要掌握这些固定搭配的用法，就能很快写出正确的句子。

常见的固定搭配：

对……有好处/对……没好处；

对……有信心/对……没有信心；

对……很熟悉/对……不熟悉；

对……感兴趣/对……不感兴趣；

符合……规定/条件/要求/实际；

sth. 让 sb. 感到……。

例

这份感情　没有　她对　信心　了　越来越

（孔子学院总部/国家汉办《汉语水平考试真题集 HSK（四级）》（2018 版）试卷三第 86 题）

【技巧解析】题目中出现了"对""没有""信心"这三个词，可以判断考的是"对……没有信心"这一固定搭配的用法，由此可以写出"她对……没有信心"。接下来找句子的宾语，她对什么没有信心呢？很显然，应该是"她对这份感情没有信心"。最后还剩下"越来越"和"了"两个词，"了"往往用于句末，"越来越"可以作状语，所以这个题目的正确答案是：她对这份感情越来越没有信心了。

趁热打铁

1. 不符合　您的条件　要求　招聘

2. 让他　感到　事情的发展　很吃惊

3. 我们对　发展　很　公司的　有信心

4. 对　很熟悉　我　这个城市

_____

5. 好处　抽烟　对身体　没有

_____

6. 爷爷　非常　感兴趣　对　京剧

_____

7. 好处　抽烟对你　没有　一点儿

_____

书写第一部分专项训练

1. 再　检查　一遍　地址　你

_____

2. 地　母亲突然　看着　吃惊　我

_____

3. 大概有　火车站　这里离　一千米

_____

4. 挂了　一张　客厅里　地图

_____

5. 大约有　100棵　这里的　树

_____

6. 有点儿　洗手间的　镜子　脏

_____

7. 我　猜不出　实在　答案

_____

8. 我　打个招呼　去向　张律师

_____

9. 到处　　都是　　街道两边　　树叶

10. 只剩　　几毛钱了　　我的　　钱包里

11. 不　　颜色深的　　适合你　　衣服

12. 叔叔　　道歉　　跟　　我拒绝

13. 需要　　我至少　　跑100米　　15秒

14. 站了　　起来　　观众们　　激动地

15. 没有人　　意见　　他的　　反对

16. 垃圾　　客厅的地上　　都是　　到处

17. 你能　　当时的　　谈谈　　情况　　吗

18. 一万字　　这篇　　文章　　大约有

19. 请　　先　　说明书　　阅读　　使用前

20. 这只　　刚出生　　小老虎　　一个月

21. 是　　地球　　我们每个人的　　保护　　责任

HSK（四级）书写第二部分应试技巧

这一部分（第 96～100 题）共 5 道题，每题提供一张图片和一个词语，要求考生根据图片用这个词语写一个句子。这类题目的答题步骤是：（1）先看题目给出来的是什么词；（2）根据图片和词语，写一个简单的句子；（3）在保证句子写对的前提下，适当加一些词，让句子变得更丰富一些；（4）写完之后，读一遍句子，检查语法是否正确。这一部分考查的词语常以名词、动词和形容词为主。下面将以这些词语为主介绍扩展句子的方法。

 技巧一： 扩展名词的方法。

题目如果给出的是名词，可以在名词前加上定语，写成"谁的东西、什么样的东西"，或者"数量词＋名词"，例如，桌子——我的桌子/蓝色的桌子/一张桌子；词典——爸爸的词典/汉语词典/一本词典；鞋——我的鞋子/白色的球鞋/一双球鞋。

例 1

方向＿＿＿＿＿＿＿＿＿＿＿＿＿＿＿＿＿＿＿＿＿＿

（孔子学院总部/国家汉办《汉语水平考试真题集 HSK（四级）》（2018 版）试卷三第 100 题）

【技巧解析】这道题考的是名词"方向"。首先，观察图片，看到了一个人站在很多表示方向的路牌前，好像不知道往哪儿走。结合图片，我们可以想象，如果自己也遇到这样的情况，在一个路口前看到了好几个方向的路牌，会想什么呢？可能会问，应该往哪个方向走。由此可以写出这样的句子：我应该往哪个方向走呢？

【参考答案】我应该往哪个方向走呢？/ 这里有很多方向，他不知道该怎么走。/ 他分不清方向。

例2

味道＿＿＿＿＿＿＿＿＿＿＿＿＿＿＿＿＿＿＿＿＿＿＿＿＿＿

（孔子学院总部/国家汉办《汉语水平考试真题集HSK（四级）》（2018版）试卷一第98题）

【技巧解析】这道题考的是名词"味道"。首先，观察图片，图中有一个女的，看着汤，笑得很开心，我们可以想象汤的味道肯定很好、很香。由此可以写出"汤的味道很香""汤的味道很好"。然后再想办法扩展一下这个句子，谁做的汤？汤的味道有多香、多好？

【参考答案】这个汤的味道真香。/ 这个汤的味道香极了。/ 妈妈做的汤味道好得不得了。

🎂 趁热打铁

1.

日记＿＿＿＿＿＿＿＿＿＿＿＿＿＿＿＿＿＿＿＿＿＿＿＿

2.

镜子＿＿＿＿＿＿＿＿＿＿＿＿＿＿＿＿＿＿＿＿＿＿＿＿

💡 技巧二： 扩展动词的方法。

如果是动词，可以**在动词前加上状语**，即怎么做？什么时候做？例如，理发——慢慢地理发/正在理发；完成任务——努力地完成任务/提前完成任务。也可以**在动词后加上补语**，即做得怎么样？例如，打扮——打扮得很漂亮；讨论——讨论了很久。

例 1

破_____

（孔子学院总部/国家汉办《汉语水平考试真题集 HSK（四级）》（2018 版）试卷一第 96 题）

【技巧解析】这道题考的是动词"破"，根据图片先写出一个简单的句子"袜子破了"。然后再在这个句子上进行补充，把它变得更丰富一些，"袜子"是名词，可以在前面加上定语，谁的袜子？或者是什么样的袜子？"破"是动词，可以在"破"后面加上补语，这只袜子破了几个洞？

【参考答案】这只袜子破了。/ 这只黑色的袜子破了一个洞。

例 2

理发_____

（孔子学院总部/国家汉办《汉语水平考试真题集 HSK（四级）》（2018 版）试卷二第 98 题）

【技巧解析】这道题考的是动词"理发"。图片中有一个大人、一个小孩，可以想象他们是爸爸和女儿，或者是理发师和小女孩儿。依据答题技巧，动词前面可以加一个状语"正在"，则可以写出"爸爸正在理发"。爸爸正在给谁理发呢？由此可以写出：爸爸正在给女儿理发。

【参考答案】爸爸正在给女儿理发。/ 理发师正在给小女孩儿理发。

🎂 趁热打铁

1.

迷路_____

2.

减肥_____

技巧三： 扩展形容词的方法。

如果题目给出的是**形容词**，可以在形容词前加上**程度副词**，例如，苦——很苦/非常苦/太苦了/有点儿苦/稍微有点儿苦。也可以在形容词后加上**程度补语**，例如，激动——激动极了/激动得不得了。还可以用**形容词的重叠形式**，例如，红红的、高高的、胖胖的、大大的等。

例 1

乱_____

（孔子学院总部/国家汉办《汉语水平考试真题集 HSK（四级）》（2018 版）试卷二第 100 题）

【技巧解析】 这道题考的是形容词"乱"。首先观察图片，看到了一张床和一堆东西，东西放得很乱，所以可以判断图片显示的是一个房间。根据图片先写出一个简单的句子：房间乱，然后再对这个句子进行补充，谁的房间乱？房间有多乱？

【参考答案】 你的房间实在是太乱了！/ 他的房间乱极了。/ 他的房间乱得很。

例 2

空_____

（孔子学院总部/国家汉办《汉语水平考试真题集 HSK（四级）》（2018 版）试卷三第 96 题）

【技巧解析】这道题考的是形容词"空"。可以用形容词的重叠形式很快写出"冰箱空空的"。然后扩展句子，"冰箱"是名词，可以加量词，"空空的"就是什么都没有。由此可以写出：这个冰箱空空的，什么都没有。

【参考答案】冰箱里什么都没有，空空的。/ 这个冰箱是空的，什么都没有。

趁热打铁

1.

伤心＿＿＿＿＿＿＿＿＿＿＿＿＿＿＿＿＿＿＿

2.

兴奋＿＿＿＿＿＿＿＿＿＿＿＿＿＿＿＿＿＿＿

技巧四： 灵活运用所学语法、句式和句型。

考生在解答看图造句题时，要学会灵活运用所学的一些汉语语法和技巧。从句式来说，除了可以写陈述句，例如，这是……/这里有……/什么人正在做什么；有时还可以写**感叹句**和**疑问句**，例如，sth./sb.真/非常/十分/特别＋adj.啊！/这是……吗？/sb.是……吗？从句型来说，除了写一些简单的动词谓语句、形容词谓语句，有时候还可以写**"把"字句、"被"字句、动补结构句**等。尤其是**"把"字句、"被"字句、反问句**等这样一些稍难的句子，既能充分展示考生的汉语水平，也能让阅卷老师眼前一亮，帮助考生拿到更高的分数。但要注意的是，如果考生没办法保证自己写的句子是正确的，就老老实实写一些简单句，先保证能写出正确的句子，再考虑扩展。

例 1

收拾 _____

（孔子学院总部/国家汉办《汉语水平考试真题集 HSK（四级）》（2018 版）试卷四第 97 题）

【技巧解析】这道题考的是动词"收拾"，按照技巧二所讲，可以很快写出：她正在收拾衣服。如果想灵活运用自己所学的句式和句型，还可以写成疑问句，谁正在做什么呢？也可以用"把"字句，谁把什么东西怎么样了。

【参考答案】<u>小女孩儿正在收拾什么呢？／她把这些衣服收拾好了吗？／她想把这些衣服收拾整齐。</u>

例 2

脱 _____

（孔子学院总部/国家汉办《汉语水平考试真题集 HSK（四级）》（2018 版）试卷一第 99 题）

【技巧解析】这道题考的是动词"脱"，按照技巧二所讲，可以很快写出一个陈述句：爸爸给孩子脱衣服。还可以灵活运用自己学过的疑问句、"把"字句、"被"字句来写句子。

【参考答案】<u>爸爸为什么要给儿子脱衣服呢？／爸爸把儿子的衣服脱了。／儿子的衣服被爸爸脱了。</u>

趁热打铁

1.

　　寄_____

2.

　　占线_____

书写第二部分专项训练

1.

　　打扮_____

2.

　　汤_____

3.

　　巧克力_____

4.

传真_____

5.

苦_____

6.

重_____

7.

讨论_____

8.

敲_____

9.

零钱_____

参考答案

HSK（四级）听力第一部分练习

一、技巧一【趁热打铁】

1. ×   2. ×   3. ×   4. √   5. ×   6. ×   7. ×

二、技巧二【趁热打铁】

1. ×   2. √   3. √   4. ×   5. √   6. √   7. ×

三、技巧三【趁热打铁】

1. √   2. √   3. √   4. ×   5. ×   6. √   7. √

四、技巧四【趁热打铁】

1. ×   2. ×   3. ×   4. ×   5. ×   6. ×   7. ×

五、技巧五【趁热打铁】

1. √   2. √   3. √   4. √   5. √   6. √   7. √

六、技巧六【趁热打铁】

1. √   2. ×   3. ×   4. √   5. ×   6. ×   7. ×

七、听力第一部分专项训练

1. ×   2. √   3. √   4. ×   5. √   6. √   7. √

HSK（四级）听力第一部分练习听力材料

一、技巧一【趁热打铁】

1. 虽然这里是郊区，但周围交通很方便，再加上房租便宜，所以很多年轻人都在这里租房子。

   ★年轻人不喜欢住在郊区。 （×）

2. 你看看你的火车票，如果座位号最后一个数字是〇、四、五或者九的话，那么你的座位就在窗户旁边。

   ★他没买到车票。 （×）

3. 这次活动的准备工作是小李做的，活动举行的时间与地点他还没通知，你可以直接打电话问他。

   ★小李不清楚活动安排。 （×）

4. 工作上有烦恼很正常，但把烦恼带回家是很不负责任的。工作上出了问题，就应该在工作中解决，而不是带着不愉快的心情回家。

   ★别把工作烦恼带回家。 （√）

5. 我是北方人，喜欢吃咸的东西，但上海菜很多都是甜的，刚到上海时，我很不习惯，后来才慢慢适应的。

   ★他现在仍然不习惯吃上海菜。 （×）

6. 在使用过程中，您有任何问题，都可以联系我们的客服，我们保证会在二十四小时内为您解决问题。

   ★使用时不会出现任何问题。 （×）

7. 姐，你完全不用担心，万大夫是医学博士，经验丰富，他一定能帮你看好眼睛的。

   ★万大夫没空儿给姐姐看病。 （×）

二、技巧二【趁热打铁】

1. 各位旅客，由北京飞往东京的 CA925 次航班已经开始登机了，请您拿好登机牌，到 B3 口准备登机。

★航班已经起飞了。 （×）

2. 弟弟平时成绩很一般，但没想到他竟然考上了一个很不错的大学，这个消息让我们一家人都非常开心。

　　★弟弟考上了大学。 （√）

3. 网上购物已经被越来越多的人接受，这种购物方式信息量大，选择更多，人们在家中就能买到全国各地甚至国外的东西。

　　★互联网为人们购物提供了更多选择。 （√）

4. 虽然演出八点才开始，但是过了七点四十五就不允许观众进场了，我们还是早点儿出发吧。

　　★演出已经结束了。 （×）

5. 我是南方人，刚到北方时，非常不适应那里的气候，觉得空气很干燥。不过，住了几年后，也逐渐适应了。

　　★他现在适应北方的气候了。 （√）

6. 在昨天的羽毛球男子双打比赛中，小马和小张最后赢得了比赛。赛后他们激动地抱在了一起，场上的观众也都鼓掌向他们表示祝贺。

　　★小马和小张赢了。 （√）

7. 只要他这次考试的成绩都合格，就可以进入高级班学习。他学习的热情这么高，我估计他没问题，你不用担心。

　　★他已经通过了考试。 （×）

三、技巧三【趁热打铁】

1. 由于我的粗心，还让您专门过来一趟，实在很抱歉。您放心，这次我已经仔细检查过了，保证没有问题。

　　★说话人之前很马虎。 （√）

2. 大家使用筷子时要注意，千万不要用筷子敲碗，因为在中国这样做被认为十分不礼貌。

　　★用筷子敲碗没有礼貌。 （√）

3. 每年一进入十月，长白山的温度就会下降很多，早早开始下雪，美丽的雪景往往会吸引大量的游客前来参观。

    ★去长白山看雪景的人很多。 （√）

4. 虽然我现在工资不高，但我选这份工作的目的本来就不是为了赚钱，而是想积累更多的经验，为以后打好基础。

    ★他的收入很高。 （×）

5. 这两个词虽然只差一个字，意思也差不多，但它们在语法上还是有一定区别的，适用的语言环境也不一样，大家注意别弄错了。

    ★那两个词的用法完全相同。 （×）

6. 我对你的这份计划书非常失望。一方面是不够详细，另一方面是数字不准确。你回去重新做一份吧。

    ★说话人对计划书不太满意。 （√）

7. 去年寒假我见到小雨的时候，他还讲不了几句中文，没想到这次暑假回国，他已经讲得这么流利了！看来他一定下了很大的工夫。

    ★小雨的中文越来越好了。 （√）

四、技巧四【趁热打铁】

1. 不用你帮忙，你去沙发上坐着吧，无聊的话就看看杂志，等会儿饺子好了我叫你。

    ★他们一会儿要吃包子。 （×）

2. 女儿从来没去过北方，听我们说下礼拜要带她去北京，她兴奋极了，还说一定要去长城看看。

    ★女儿想去看长江。 （×）

3. 售货员在试衣镜旁边发现了一个蓝色的钱包，她怀疑是哪个马虎的顾客不小心丢在那里的。

    ★售货员找到了一个袋子。 （×）

4. 晚上最好不要喝咖啡，因为咖啡容易让人兴奋，睡不着觉，甚至可能影响到第二天的正常工作或学习。

    ★晚上不要喝茶。 （×）

5. 穿衣打扮不能只考虑是否流行，适合自己才是最重要的，也只有这样你才能穿出美丽和自信。

　　★流行才是最重要的。　　　　　　　　　　　　　　　　　　　　　　（ × ）

6. 女儿说要送你一份生日礼物，但究竟送什么她没说，只是说你肯定会非常喜欢。

　　★女儿要过生日了。　　　　　　　　　　　　　　　　　　　　　　　（ × ）

7. 当听到朋友说他从没见过真正的大海时，我非常吃惊，也有些骄傲，因为对于在海边长大的我来说，看海是件再普通不过的事了。

　　★朋友在海边长大。　　　　　　　　　　　　　　　　　　　　　　　（ × ）

五、技巧五【趁热打铁】

1. 有一次，我和女朋友约会，她发短信给我："我五分钟后到，如果没到，你就再读一遍短信。"

　　★女朋友也许会迟到。　　　　　　　　　　　　　　　　　　　　　　（ √ ）

2. 我想在校外租房子，最好是在学校周围，距离不要太远，步行二十分钟能到就行。

　　★他想住在学校附近。　　　　　　　　　　　　　　　　　　　　　　（ √ ）

3. 这次上海草地音乐节大约有四千人参加，但人们离开后，草地上竟然没有任何垃圾，这不得不让人感到吃惊。

　　★没人乱扔垃圾。　　　　　　　　　　　　　　　　　　　　　　　　（ √ ）

4. 没有一种方法能帮我们解决所有问题。每次遇到问题时，我们都应从实际情况出发，判断出问题的关键，及时解决问题。

　　★问题不同解决方法也不同。　　　　　　　　　　　　　　　　　　　（ √ ）

5. 医生是一个值得骄傲和受人尊重的职业，我的理想就是成为一名优秀的医生。

　　★他想当一名医生。　　　　　　　　　　　　　　　　　　　　　　　（ √ ）

6. 学校月底要举办运动会，我报了两千米长跑，所以我现在每天都会进行跑步练习。

　　★他要参加学校运动会。　　　　　　　　　　　　　　　　　　　　　（ √ ）

7. 这座城市不但气候很适合人们生活，而且景色也很漂亮。我真希望自己可以永远留在这里。

　　★他十分喜欢那座城市。　　　　　　　　　　　　　　　　　　　　　（ √ ）

六、技巧六【趁热打铁】

1. 经历过那次失败后，他改变了许多，不再像以前那么粗心了，大家都说他现在做事仔细多了。

　　★他做事比过去仔细了。　　　　　　　　　　　　　　　　　　　　　（ √ ）

2. 昨天晚上我一直工作到很晚才睡，结果今天早上手机响的时候我完全没听到，等我醒来的时候已经九点了。

　　★他今天七点就起床了。　　　　　　　　　　　　　　　　　　　　　（ × ）

3. 有人说没去过长城就不算去过北京。我来北京两年了，却还没去过长城，所以我打算这个周末去。

　　★这是他第二次爬长城。　　　　　　　　　　　　　　　　　　　　　（ × ）

4. 大家注意，现在休息十五分钟，十点半会议继续进行。我们为大家准备了饮料和蛋糕，就在门口的桌子上。

　　★现在是十点一刻。　　　　　　　　　　　　　　　　　　　　　　　（ √ ）

5. 明年我就要大学毕业了，这是我的最后一个暑假了，所以我要提前计划好，做一些自己感兴趣的事，去一些自己一直想去的地方。

　　★他大学刚刚毕业。　　　　　　　　　　　　　　　　　　　　　　　（ × ）

6. 今天小云请客，就在楼下那个饭店，在四〇八，你知道那个地方吧？六点半，别迟到啊。

　　★小云中午请客。　　　　　　　　　　　　　　　　　　　　　　　　（ × ）

7. 到六月九号，我和妻子结婚就满二十年了。这么多年来，我们俩几乎没为什么事情红过脸，很多人都很羡慕我们俩。

　　★他去年刚结婚。　　　　　　　　　　　　　　　　　　　　　　　　（ × ）

七、听力第一部分专项训练

1. 随着手机的普遍使用，人们大多会通过打电话或发短信交流。但我还是喜欢写信，大概是因为看到信上的字会让我感到熟悉和愉快吧。

★他认为写信很麻烦。 （×）

2. 小云，你周末有时间吗？咱们去世纪公园照相吧！我在网上新买的相机寄来了，我都等不及想试试效果了。

　　★说话人周末想去照相。 （✓）

3. 早上起床后，你可以一边刷牙洗脸，一边听中文广播，这样既能提高汉语听力水平，还能顺便了解一下中国。

　　★听中文广播好处多。 （✓）

4. 人的年龄越大，后悔的事也越多。有人后悔没有好好学习，有人后悔浪费了时间。为了将来少些后悔，请认真过好每一天。

　　★年龄大的人很少后悔。 （×）

5. 抱歉，小姐，我们店的家具本来就不贵，这个沙发真的不能再打折了。

　　★那位小姐想买沙发。 （✓）

6. 小林民族舞跳得特别棒，学校网站上就有她的表演，非常精彩，你可以找来看看。

　　★小林会跳民族舞。 （✓）

7. 听说高速公路马上要修到咱们这儿了，到时候从家去机场只要半个小时，比现在快好几倍呢。

　　★要修高速公路了。 （✓）

HSK（四级）听力第二、三部分练习

一、技巧一【趁热打铁】

1. C	2. B	3. B	4. B	5. D
6. D	7. B	8. A	9. D	10. A
11. C	12. A	13. A	14. B	15. D
16. A	17. A	18. D	19. C	20. D

二、技巧二【趁热打铁】

| 1. D | 2. A | 3. B | 4. C | 5. D |

6．A	7．A	8．C	9．D	10．A
11．D	12．A	13．C	14．C	15．D
16．C	17．C	18．B	19．C	20．B

三、技巧三【趁热打铁】

1．A	2．C	3．A	4．B	5．A
6．D	7．C	8．C	9．D	10．A

四、听力第二部分专项训练

1．B	2．C	3．A	4．A	5．D
6．B	7．A	8．D	9．D	10．B
11．A	12．B	13．B	14．A	15．B
16．D	17．C	18．B	19．B	20．D
21．B	22．A	23．D	24．A	25．B
26．C	27．A	28．B	29．A	30．B

五、听力第三部分专项训练

1．A	2．B	3．D	4．D	5．B
6．A	7．C	8．B	9．C	10．C
11．A	12．B	13．A	14．C	15．C
16．B	17．C	18．D	19．D	20．D

HSK（四级）听力第二、三部分练习听力材料

一、技巧一【趁热打铁】

1．男：你好！法律基础方面的书在哪边？

　女：这排书全部都是关于自然科学的，您去前面那排找找。

　问：他们最可能在哪儿？　　　　　　　　　　　　　　　　　　　（C）

2．男：李老师，我下个月五号要结婚了。

　女：你是在开玩笑吧？你们才认识一个月呀。

　问：对于这个消息，女的觉得怎么样？　　　　　　　　　　　　　（B）

3. 男：小姐，我女儿多少钱一张票？

　　女：您好，您的六十，您孩子买儿童票，半价。

　　问：女儿的票多少钱一张？ （B）

4. 女：你对小李的印象怎么样？

　　男：他的优点是有礼貌、诚实、能吃苦，就是太马虎、太粗心，不适合我们的工作。

　　问：小李为什么被拒绝了？ （B）

5. 女：什么时候让我们见见你的女朋友？

　　男：没问题，姐，我们正商量着下个周末请家里人一起吃个饭呢。

　　问：说话人是什么关系？ （D）

6. 男：校长，原定后天上午的会改在明天下午两点了，你通知一下其他人。

　　女：好的，经理，我现在就打电话。

　　问：会议原来准备什么时候开？ （D）

7. 女：师傅，我去火车站。大概要多长时间，半小时能到吗？

　　男：现在不堵车，估计二十分钟就能到。

　　问：去火车站需要多长时间？ （B）

8. 女：真羡慕你，除了平时的节假日，还有一个寒假和一个暑假。

　　男：当时选择这个职业，没有考虑到这些，我只是喜欢和孩子们在一起。

　　问：男的最可能是做什么的？ （A）

9. 女：怎么样？那个技术上的问题解决了吧？

　　男：我以为今天能顺利解决，但情况比我想的复杂得多，怎么办呢？

　　问：男的现在心情怎么样？ （D）

10. 女：你们今天讨论得怎么样？有结果吗？

　　男：大家都同意把招聘会推迟到五月十二号。

　　问：大家希望什么时候举行招聘会？ （A）

11. 女：我们是不是走错方向了？

　　男：不会吧，我们是按照手机地图指的方向走的。

女：不对，世界公园入口在南边，可咱们一直在往北走。

男：抱歉，我看错了。

问：他们最可能要去哪儿？ （C）

12. 女：这几年冬天都不怎么下雪了。

男：可能和全球气候变暖有关系。

女：是啊，好像大部分国家都出现了这样的情况。

男：地球只有一个，我们一定要好好保护自然环境。

问：男的认为应该怎么做？ （A）

13. 男：我刚买的烤鸭，可香了，快来尝尝。

女：不行，我正在减肥，不能吃这个。

男：你又不胖，减什么肥。

女：夏天快到了，我得把肚子上的肉减掉。

问：女的为什么不吃烤鸭？ （A）

14. 女：听说你要出国？

男：是，九号走，去参加一场国际交流会。

女：大约去多久？

男：至少一个星期，有什么事你就找张经理商量吧。

问：男的出国做什么？ （B）

15. 男：你帮我把牙膏、牙刷都带上吧。

女：你住的酒店不提供吗？

男：提供，但我不愿意用一次性的，而且也不环保。

女：行，那毛巾也带着吧。

问：他们可能在做什么？ （D）

16. 女：先生，飞机马上要起飞了，请您回座位上坐好。

男：我的眼镜在行李箱里，我想取一下。

女：请您稍微等一下，飞机起飞后我帮您拿。

男：好的，谢谢。

问：他们现在在哪儿？ （A）

17. 女：爸爸，我讨厌这个牙膏的味道。

　　男：那这个葡萄味儿的呢？

　　女：这个可以。

　　男：那就买它吧，我们再去看看牙刷。

　　问：他们最可能在哪里？ （A）

18. 女：请问这附近哪儿有修车的地方？

　　男：你去前面的加油站看看吧。

　　女：我刚从那边过来，说这边有专门的修理店。

　　男：原来是有一家，但最近搬走了。

　　问：女的在找什么？ （D）

19. 女：你去哪儿？这么着急。

　　男：体育馆有乒乓球比赛，你去不去？

　　女：好啊，等等我，我收拾一下书包。

　　男：那你快点儿，要来不及了。

　　问：根据对话，他们要去干什么？ （C）

20. 女：看什么呢？这么认真。

　　男：租房广告，房东月底要收回房子，我得重新租一个。

　　女：你有什么要求？我帮你看看。

　　男：最好在咱们公司周围，如果没有，交通方便的也可以。

　　问：男的对房子有什么要求？ （D）

二、技巧二【趁热打铁】

1. 男：我刚才去买袜子，售货员好像忘记找我零钱了。

　　女：啊？那你快去把钱要回来，我在这儿等你。

　　问：男的准备回去要什么？ （D）

2. 女：你的手表竟然可以打电话？

　　男：其实它是手机，只不过看起来像手表，又可以戴在手上。

　　问：他们在聊什么？ （A）

3. 男：周律师来过了？

女：对，他正好经过这儿，就顺便把证明材料取走了。

问：周律师来做了什么？ （B）

4. 男：面试怎么样？还顺利吧？

女：还可以，就是开始有一点儿紧张。

问：女的干什么去了？ （C）

5. 男：你的手怎么了？

女：刚才收拾厨房的时候不小心擦破了。

问：女的刚才在干什么？ （D）

6. 女：打扰一下，我们在做环境污染调查，能麻烦您填一下这张表吗？

男：好的，没问题。

问：男的接下来可能要做什么？ （A）

7. 男：大夫，我的体检结果怎么样？

女：一切正常，但你平时还是要注意少吃点儿盐。

问：女的提醒男的怎么做？ （A）

8. 男：打扰一下，请问厕所现在能用吗？

女：不好意思，先生，火车马上就要进站了，厕所暂时不用使用，请您稍等一会儿。

问：男的最有可能要做什么？ （C）

9. 女：这个公园太大了，我们租辆自行车吧，边骑边逛。

男：行。那我们得先回入口处，那里有租自行车的地方。

问：他们想要做什么？ （D）

10. 男：妈，您的手机响了。

女：肯定是你爸，你接一下，就说妈正在做饭。

问：关于女的，可以知道什么？ （A）

11. 女：喂，我忘记带钥匙了，你在哪儿？

男：我在对面超市呢，马上回家。

女：那你顺便买点儿羊肉回来吧，今晚咱们包饺子。

男：好的，一斤够吗？

问：女的怎么了？ （D）

12. 男：你帮我拿一下盐。

女：这个汤我已经放过盐了，不用再加了。

男：我尝了尝，还不够咸。

女：你最近经常咳嗽，还是少吃点儿盐吧。

问：男的为什么得少吃盐？ （A）

13. 女：你听，有人敲门。

男：可能是送空调的来了。

女：太好了！空调终于到了。

男：是啊，这几天热得我都快受不了了。

问：男的认为是谁在敲门？ （C）

14. 男：这些照片真漂亮！

女：都是我以前旅行时照的。

男：看来你去过不少地方呀。

女：我以前是导游，尽管后来不干了，但还是经常出去旅游。

问：女的以前的职业是什么？ （C）

15. 男：我这房子客厅很大，而且家具都是新的。

女：确实不错。

男：是啊，如果不是我女儿月底留学，我和妻子要去陪她，也不会这么着急卖了。

女：这房子我很满意，不过还是要和我丈夫商量一下再决定。

问：男的为什么着急卖房子？ （D）

16. 男：这个寒假你打算做什么？

女：我在翻译一本八百多页的书，恐怕寒假还得接着干。

男：这么厚的书？

女：是啊，本来还想出去玩儿呢，只好等暑假再去了。

问：女的寒假要做什么？ （C）

17. 女：我的右胳膊又酸又疼，早上起床的时候都抬不起来了。

男：怎么弄的？

女：昨天打了一个小时网球后就这样了。

男：一定是你平时缺少锻炼，所以偶尔运动一次，身体就受不了了。

问：女的为什么胳膊疼？ （C）

18. 男：喂，小叶，那位姓万的顾客到了吗？

女：已经到了。

男：我走错路了，要晚到一会儿，你帮我跟他解释一下，谢谢。

女：好的，不客气。

问：男的为什么会晚到？ （B）

19. 女：我记得你说想买冰箱，是吗？

男：对，之前看好了一台，但我妻子觉得太贵。

女：年底各大商场都在打折，你们可以去看看。

男：是吗？那我们周末去看看。

问：男的之前为什么没买冰箱？ （C）

20. 男：你和那个小伙子见面了吗？

女：还没呢，我们俩约好这礼拜天在咱家对面的咖啡馆见。

男：那就好。听李阿姨说他是个记者，很有能力，而且你们年龄也合适。

女：知道了，爸，等见过面再说吧。

问：关于那个小伙子，可以知道什么？ （B）

三、技巧三【趁热打铁】

第1～2题，你将听到下面一段话。

随着信息技术的发展，越来越多的人习惯用网上银行。网上银行极大地方便了我们的生活：无论是购物、还信用卡，还是给别人转钱，都可以通过网上银行，在家里轻松完成。

问：1. 网上银行的优点是什么？ （A）

2. 关于网上银行，下列哪个正确？ （C）

第3～4题，你将听到下面一段话。

很多人都有写日记的习惯。把每天发生的事、生活中的烦恼和对一些社会问题的看法记下来，这样做能帮助我们整理心情、减轻压力。另外，日记也是我们对过去生活的美好回忆，甚至将来也许会成为重要的历史研究材料。

问：3. 根据这段话，下列哪个不是日记中的内容？　　　　　　（A）

　　4. 写日记有什么好处？　　　　　　　　　　　　　　　　（B）

第5～6题，你将听到下面一段话。

武汉长江大桥全长一千六百七十多米，于一九五七年正式通车，它是长江上的第一座大桥，也是中国历史上第一座铁路、公路两用桥，因此有"万里长江第一桥"的说法。武汉长江大桥把武昌、汉阳、汉口三个地方连为一体，极大地推动了武汉市的发展。

　　问：5. 关于武汉长江大桥，下列哪个正确？　　　　　　　（A）

　　　　6. 根据这段话，武汉长江大桥有什么作用？　　　　　（D）

第7～8题，你将听到下面一段话。

有个人喝多了，他回到家门口，拿出钥匙来开门。可是他弄了半天也没把门打开。邻居听到声音后，走过来对他说："需要我帮忙吗？"那个人说："这个门一直动来动去，麻烦您帮我抱住它。"

　　问：7. 那个人让邻居帮他做什么？　　　　　　　　　　　（C）

　　　　8. 关于那个人，可以知道什么？　　　　　　　　　　（C）

第9～10题，你将听到下面一段话。

随着买车的人越来越多，停车也成了大问题。开车出去办事，不仅要担心堵车，还要担心到了之后是否能找到停车的地方，尤其在人多车多的时候。所以我出门一般都乘坐地铁或者公共汽车。

　　问：9. 说话人认为什么是个大问题？　　　　　　　　　　（D）

　　　　10. 说话人出门办事会怎么做？　　　　　　　　　　　（A）

四、听力第二部分专项训练

1. 男：传真机是不是坏了？怎么发不出去了？
　　女：不会吧？上午我还收到一封传真呢。
　　问：男的怀疑什么？　　　　　　　　　　　　　　　　　　（B）

2. 男：小黄，你儿子钢琴弹得真好！一定下了很多功夫吧？
　　女：是，他每天至少要留出三个小时来练习。
　　问：关于小黄的儿子，下列哪个正确？　　　　　　　　　　（C）

3. 女：我寒假去北京玩儿了，感觉北京真大！

男：对，如果不熟悉道路，很容易把时间浪费在路上。

问：男的认为在北京不熟悉路会怎么样？ （A）

4. 男：这个箱子重不重？我帮你抱上去吧？

女：没关系，其实里面就是几双皮鞋，挺轻的。

问：箱子里是什么东西？ （A）

5. 女：等下了高速公路，我们先找家餐厅吃东西吧，饿死我了。

男：行。车里还有包饼干，要不你先吃点儿？

问：男的建议女的怎么做？ （D）

6. 男：不用买矿泉水，车上提供热水。

女：那正好，我可以带点儿茶叶。

问：车上提供什么？ （B）

7. 女：你看过《对话》节目吗？我觉得挺有意思的。

男：看过。节目会请很多名人来讲他们身边发生的故事，确实非常有趣。

问：男的觉得那个节目怎么样？ （A）

8. 男：你平时有写日记的习惯吗？

女：没有，不过我常常会把对一些社会问题的看法写下来。

问：女的爱写关于哪方面的内容？ （D）

9. 男：晚饭吃什么？饺子还是西红柿鸡蛋面？

女：今天我生日，当然要吃面条儿了。

问：他们晚饭最可能吃什么？ （D）

10. 女：现在的孩子真厉害，我哥的孩子才三岁，就认识一千多个汉字了。

男：是啊。不过我还是觉得儿童应该以玩儿为主。

问：女的觉得现在的孩子怎么样？ （B）

11. 男：这个网站怎么打不开？

女：是不是网址错了？我重新发你一遍。

问：女的怀疑哪里有问题？ （A）

12. 男：你上周参加的招聘，有结果了吗？

　　女：暂时没有，我还在等消息。

　　问：女的在等什么？　　　　　　　　　　　　　　　　　　　　（B）

13. 男：你怎么对这个作家这么了解？

　　女：我刚好在一本杂志里看过一篇专门介绍他的文章。

　　问：女的是通过什么了解那个作家的？　　　　　　　　　　　　（B）

14. 男：你今天打扮得可真漂亮！

　　女：谢谢。我今天有个重要的约会。

　　问：男的觉得女的今天怎么样？　　　　　　　　　　　　　　　（A）

15. 女：你认为汉语最难学的是什么？

　　男：应该是语法吧，我经常会弄错一些词语的顺序。

　　问：男的认为汉语最难学的是什么？　　　　　　　　　　　　　（B）

16. 女：外面是不是有人敲门？

　　男：可能是孙子放学回来了，他今天忘记带钥匙了。

　　问：男的觉得是谁在敲门？　　　　　　　　　　　　　　　　　（D）

17. 女：邮局对面那家店是卖什么的？怎么每天都有很多人排队？

　　男：是家烤鸭店，听说他家的烤鸭味道很不错。

　　问：男的听说那家店的烤鸭怎么样？　　　　　　　　　　　　　（C）

18. 男：昨天的会议都说什么了？我有事请假了。

　　女：经理先总结了上个月的工作情况，接着跟大家讨论了这个月的工作任务。

　　问：下列哪个是昨天会议的内容？　　　　　　　　　　　　　　（B）

19. 女：我们公司法律方面的事情都由张律师负责，你可以直接找他。

　　男：好的，那麻烦您把他的联系方式告诉我。

　　问：男的要联系谁？　　　　　　　　　　　　　　　　　　　　（B）

20. 男：我下周去北京出差，正好可以逛一逛，你有什么好的建议吗？

女：现在正是看红叶的季节，你可以去香山公园走一走。

问：女的有什么建议？ （D）

21. 女：这葡萄真甜，你在哪儿买的？楼下超市吗？

男：不是，我爸妈昨天去了一趟郊区，从那边的葡萄园买回来的。

问：葡萄是从哪儿买的？ （B）

22. 男：这个词只有这一个意思吗？

女：等一下，我查查字典，也许还有其他解释。

问：女的接下来要做什么？ （A）

23. 女：礼拜六的聚会王向到底能不能来啊？

男：肯定会来，他一直很想见见咱们这些老同学。

问：他们礼拜六要做什么？ （D）

24. 男：小晴，除了我，其他人好像都没有收到你的电子邮件。

女：啊！对不起，我竟然忘记发给他们了。

问：女的忘记做什么了？ （A）

25. 女：我一点儿基础也没有，能报这个钢琴班吗？

男：这是提高班，不过我们还有零基础班，您可以考虑一下。

问：女的想学什么？ （B）

26. 女：你羽毛球打得真棒！学了很长时间吧？

男：是，我爸爸原来是体育老师，专门教学生打羽毛球，我从小就跟着他学。

问：男的是跟谁学的打羽毛球？ （C）

27. 男：窗户该擦了吧？有点儿脏了。

女：是啊，最近太忙了，实在没时间收拾。

问：窗户怎么了？ （A）

28. 男：这本小说写得不错，最近刚刚获奖，你读过吗？

女：当然，我看过好几遍呢，我很喜欢那个作者，他的书我几乎都买了。

问：男的觉得那本小说怎么样？ （B）

29. 女：你肚子饿的话，可以先吃点儿饼干，我去厨房看看汤好了没。

　　男：没事，我不饿。你需要我帮忙吗？

　　问：女的去厨房干什么？　　　　　　　　　　　　　　　　　　　（A）

30. 女：喂，我正好要给你打电话呢，你就打过来了。

　　男：是吗？我找你是想商量一下暑假社会活动的事。

　　问：男的找女的商量什么？　　　　　　　　　　　　　　　　　　（B）

五、听力第三部分专项训练

1. 女：我终于面试成功了！

　　男：是上次你说的那份护士工作吗？

　　女：是的，医院这次只要三个人，但一共有七十人参加应聘呢。

　　男：你真厉害！祝贺你！

　　问：女的应聘的是什么工作？　　　　　　　　　　　　　　　　　（A）

2. 男：儿子呢？已经出发了吗？

　　女：他刚离开，怎么了？

　　男：他忘记带雨伞了，下午有雨。

　　女：他应该还没上车，你现在赶过去还来得及。

　　问：儿子忘记带什么了？　　　　　　　　　　　　　　　　　　　（B）

3. 女：你没拿行李吗？

　　男：就出差两天，我只拿了两件换洗衣服和几双袜子，没带箱子。

　　女：那你快去换登机牌吧，我在这边等你。

　　男：我已经打印好了，一会儿直接登机就行。

　　问：男的为什么不带箱子？　　　　　　　　　　　　　　　　　　（D）

4. 男：阿姨，这儿有空座位，您过来坐吧。

　　女：没关系，我还有两站就到了。

　　男：车上人多，您提了这么多东西，还是坐下吧。

　　女：好的，谢谢你，小伙子。

　　问：他们最可能在哪儿？　　　　　　　　　　　　　　　　　　　（D）

5. 女：这些植物叶子厚厚的，真可爱。

  男：这叫多肉植物，你要是喜欢，我可以送你一棵。

  女：照顾它会不会很麻烦？

  男：不会，有水有阳光就行。

  问：关于那些植物，下列哪个正确？ （B）

6. 男：你放假有什么安排？

  女：我打算和父母去旅游。你有什么好主意吗？

  男：我去年去了趟云南，那里气候好，景色也很美。

  女：听起来很不错，我考虑考虑。

  问：女的放假要做什么？ （A）

7. 女：师傅，我的笔记本电脑坏了，您帮我看看。

  男：你这台电脑用好几年了吧？

  女：确实是，但一直都没出过问题。

  男：我检查一下到底是哪里坏了。

  问：女的要修理什么？ （C）

8. 男：你第一节课怎么没来？

  女：我起晚了。上节课老师讲了什么内容？

  男：学了几个新词，一会儿要讲语法，你可以先预习一下。

  女：好的，谢谢。

  问：女的为什么没上第一节课？ （B）

9. 女：这个颜色店里暂时没有，要等几天才能到货。

  男：大概要多久？

  女：最早也要礼拜天。您可以留下联系方式，到了我们通知您。

  男：好的。

  问：女的最可能做什么工作？ （C）

10. 男：听说你要买房子，选好了吗？

  女：没有。看了几个都不合适，不是离公司太远就是价格太贵，还没决定。

  男：你可以看看地铁附近的房子，交通方便，远一点儿也没关系。

  女：好，我这周末再看看。

问：男的建议女的在哪里买房？　　　　　　　　　　　　　　（C）

第11～12题，你将听到下面一段话。

网球是一种很流行的运动，它不仅能锻炼身体，还能帮助人们减轻工作或学习上的压力，因此受到很多人的喜爱。不过要想将网球打好却不容易，技术、速度和力气一样都不能少，而这需要长时间的练习和积累。

　　问：11. 打网球有什么好处？　　　　　　　　　　　　　　（A）

　　　　12. 想打好网球需要怎么做？　　　　　　　　　　　　（B）

第13～14题，你将听到下面一段话。

一个八岁的女孩儿写了本书。记者问她："你长大后想做什么？"她不高兴地回答："你的想法真奇怪。我为什么要等到长大后才做什么？我现在就是个作家呀。"

　　问：13. 女孩儿觉得记者的问题怎么样？　　　　　　　　　（A）

　　　　14. 关于女孩儿，可以知道什么？　　　　　　　　　　（C）

第15～16题，你将听到下面一段话。

笑话人人都爱听，但要讲好一定要知道"三不三要"。一不和不熟的人开玩笑：二不笑别人的短处：三不笑他人的伤心事。"三要"是说，一要简单短小；二要找对听众，老人感兴趣的，孩子不一定喜欢；三要给人留下印象，而不是让人笑过就忘了。

　　问：15. 不应该和哪种人开玩笑？　　　　　　　　　　　　（C）

　　　　16. 根据这段话，下列哪个正确？　　　　　　　　　　（B）

第17～18题，你将听到下面一段话。

汽车数量越来越多，由此带来的环境问题也引起了人们的重视。开车一方面会带来交通问题，严重的堵车将影响人们的出行；另一方面也会使空气质量变差，影响人们的健康。为了能有更好的生活环境，我们应该多选择公共交通出行，少开车。

　　问：17. 汽车数量增多会带来什么问题？　　　　　　　　　（C）

　　　　18. 这段话告诉我们应该怎么做？　　　　　　　　　　（D）

第19～20题，你将听到下面一段话。

有位名人说过："只有什么事都不做的人才不会出错。"对于错误，不用害怕，每个人都有缺点，都会出现这样或那样的错误。失败是成功之母，如果你每次都能从错误中学到一点儿东西，那么你的错误就会越来越少，离成功也就不远了。

　　问：19. 根据名人的话，什么样的人不会出错？　　　　　　（D）

　　　　20. 怎样才能让错误越来越少？　　　　　　　　　　　（D）

HSK（四级）阅读第一部分练习

一、技巧一【趁热打铁】

    1. A   2. C   3. E   4. A

二、技巧二【趁热打铁】

    1. C   2. B   3. E   4. F

三、技巧三【趁热打铁】

    1.（1）F   （2）C   2. E   3. A

四、阅读第一部分专项训练

    1. C   2. D   3. A   4. B   5. F

    6.（1）B   （2）E

    7.（1）A   （2）E

    8.（1）F   （2）A   （3）B

    9.（1）A   （2）F   （3）B

    10.（1）B   （2）F   （3）E

    11.（1）B   （2）A   （3）E

    12.（1）B   （2）A   （3）D

    13.（1）B   （2）F   （3）A

    14.（1）D   （2）B   （3）F

HSK（四级）阅读第二部分练习

一、技巧一【趁热打铁】

    1. BAC   2. ACB   3. ACB   4. ACB   5. ACB

二、技巧二【趁热打铁】

    1. ACB   2. CBA   3. CAB   4. BAC   5. CBA

三、技巧三【趁热打铁】

    1. CBA   2. BAC   3. BAC   4. ACB   5. BCA

四、技巧四【趁热打铁】

1. ACB   2. BCA   3. BAC   4. BCA   5. ACB

五、阅读第二部分专项训练

1. CBA   2. BAC   3. CBA   4. BCA   5. CBA
6. ACB   7. BAC   8. CBA   9. CBA   10. ACB
11. CBA   12. BAC   13. ACB   14. BCA   15. CBA
16. BAC   17. CAB   18. CBA   19. CAB   20. CBA
21. ACB   22. CBA

HSK（四级）阅读第三部分练习

一、技巧一【趁热打铁】

1. D   2. D   3. B   4. D   5. B
6. A   7. A   8. C   9. C

二、技巧二【趁热打铁】

1. A   2. C   3. B   4. C   5. D   6. C

三、技巧三【趁热打铁】

1. D   2. D   3. A   4. A   5. A
6. C   7. C   8. D   9. D   10. C

四、技巧四【趁热打铁】

1. C   2. A   3. B   4. C   5. D
6. C   7. C   8. B   9. B   10. D

五、技巧五【趁热打铁】

1. D   2. A   3. B   4. B   5. C
6. C   7. D   8. D   9. A   10. D

六、阅读第三部分专项训练

1. D   2. D   3. A   4. A   5. B
6. B   7. C   8. D   9. A   10. D
11. D   12. B   13. B   14. A   15. B

16. C	17. A	18. C	19. B	20. C
21. B	22. D	23. D	24. A	25. C
26. C	27. B	28. C	29. B	30. A
31. B	32. C	33. D	34. C	35. B
36. A	37. C	38. C	39. D	40. A
41. C	42. A	43. C	44. D	45. A
46. D	47. A	48. B	49. B	50. A

HSK（四级）书写第一部分练习

一、【趁热打铁】

常考句型一：动词谓语句

1. 他用光了所有的力气。

2. 我收到了一封来自国外的信。

3. 我们提前完成了这次任务。

4. 高速公路上禁止随便停车。

5. 祝贺你考上了博士。

常考句型二：形容词谓语句

1. 这些演员的表演很精彩。

2. 那本小说的作者很有名。

3. 下雨后空气很湿润。

常考句型三："把"字句

1. 姐姐把昨天的菜倒掉了。

2. 我好像把关教授的地址写错了。

3. 请把这些报纸按时间顺序排列好。

常考句型四："被"字句

大部分顾客都被较低的价格吸引了。

常考句型五：比较句

1. 今年的毕业生数量比前年多了一倍。

2. 我比上个月稍微轻了点儿。

3．打针比吃药效果好。

常考句型六："是……的"结构句

1．哪些信息是必须要填的？

2．这椅子是专为老年人提供的。

3．我孙子是 2009 年 7 月 8 日出生的。

4．她儿子是去年秋天出生的。

常考句型七：动补结构句

1．这份材料写得很详细。

2．小孙子咳嗽得非常严重。

3．他的中文说得很流利。

4．儿子的复习笔记整理得很详细。

常考句型八：反问句

难道你连这个规定都不知道？

常考句型九：固定搭配

1．您的条件不符合招聘要求。

2．事情的发展让他感到很吃惊。

3．我们对公司的发展很有信心。

4．我对这个城市很熟悉。

5．抽烟对身体没有好处。

6．爷爷对京剧非常感兴趣。

7．抽烟对你没有一点儿好处。

二、书写第一部分专项训练参考答案

1．你再检查一遍地址。

2．母亲突然吃惊地看着我。

3．这里离火车站大概有一千米。

4．客厅里挂了一张地图。

5．这里的树大约有 100 棵。

6．洗手间的镜子有点儿脏。

7．我实在猜不出答案。

8．我去向张律师打个招呼。

9. 街道两边到处都是树叶。

10. 我的钱包里只剩几毛钱了。

11. 颜色深的衣服不适合你。

12. 我拒绝跟叔叔道歉。

13. 跑 100 米我至少需要 15 秒。

14. 观众们激动地站了起来。

15. 没有人反对他的意见。

16. 客厅的地上到处都是垃圾。

17. 你能谈谈当时的情况吗?

18. 这篇文章大约有一万字。

19. 使用前请先阅读说明书。

20. 这只小老虎刚出生一个月。

21. 保护地球是我们每个人的责任。

HSK(四级)书写第二部分练习

一、技巧一【趁热打铁】

1. 她每天都写日记。/ 她喜欢坐在沙发上写日记。

2. 他正在挂镜子。/ 镜子挂在这里怎么样?

二、技巧二【趁热打铁】

1. 他迷路了,正在看地图。/ 他迷路了,不知道该怎么办。

2. 她现在很胖,一定要减肥。/ 她很胖,所以每天都运动减肥。/ 为了减肥,她每天都运动。

三、技巧三【趁热打铁】

1. 她告诉朋友,别太伤心了。/ 她正在安慰伤心的朋友。

2. 他比赛得了第一名,很兴奋。/ 他比赛得了第一名,兴奋得跳了起来。

四、技巧四【趁热打铁】

1. 她的朋友把信寄给她了。/ 她收到朋友寄给她的信了吗?

2. 他给爸爸打电话了,不过,电话一直占线。/ 电话是不是一直占线呢?

五、书写第二部分专项训练

1. 她等下要去参加朋友的生日晚会,所以现在在打扮。/ 你打扮好了吗?我们该出发了。

2. 尝尝我做的汤怎么样？/ 小姐，这是您点的汤，请慢用。

3. 她一吃巧克力就牙疼。/ 她最近吃了太多巧克力，牙齿疼得厉害。

4. 他正在给客户发传真。

5. 这个药太苦了！/ 这个药怎么这么苦？/ 这个药苦极了！

6. 这个箱子太重了。/ 她正在搬一个很重的箱子。

7. 他们正在热烈地讨论。/ 我们来讨论一下这个问题吧。/ 他们已经讨论了很多。

8. 她正在敲门。/ 她敲门敲了很久都没人开门。

9. 她的零钱都花光了。